はじめての広東語

郭 素霞

はじめに

　香港が返還されて、はや4年経ちました。中国に戻った香港は今までの自由や活気がなくなるとか、観光都市として人気がなくなるのではないかといろいろな憶測や不安がありましたが、混沌とパワーあふれるこの街はまだまだ人を魅了する力を持っているようです。
　私が接している香港ファンの人たちの中には、香港への情熱が変わらず、年に何回も出かける人もいます。「広東語を覚えて、もっと自由に香港の街を歩いてみたい」「ジャッキー・チェンに会ったら、広東語で声をかけてみたい」といった皆さんの声に応えるためにこの本を作りました。

　本書は、「発音編」と「会話編」から成り立っています。
「発音編」では、発音を正確に把握できるように写真で口の形を示したうえ、詳しい説明を加えました。そして、日本人にとって間違いやすい発音、難しい発音を中心に徹底して学べるように多くの練習を取り入れました。
「会話編」は、香港へ向かう飛行機の中、空港、ホテル、レストラン、ショッピングなど、旅のいろいろな場面を設定し、その会話と応用練習を多く取り入れました。同時に、旅行や日常会話の必要度の高い表現と単語をまとめました。そして、広東語の本文と応用練

習は、日本語との対訳が左右対照になっていますので、とても使いやすいです。それから、文法について、各課の「メモ」で文型やキーワードを説明していますが、なるべく文法用語を使わず、応用練習などで語順を示すよう工夫しました。また、香港旅行に必要な単語を「参考」にて補充してあります。

　本書を作成するにあたり、多くの方々にお世話になりました。カタカナによる発音表記の作業と校正に多大なご助力を賜った大窪俊毅さんに厚くお礼を申し上げます。また、高崎篤さん、戸川隆介さんをはじめ多くの方々に原稿に目を通していただき貴重なご意見をいただきました。記して感謝を申し上げます。

　最後に、本書を刊行するにあたり、明日香出版社の編集部の方々に多大なご協力とご配慮を受けました。記して厚くお礼を申し上げます。

2001年6月

郭素霞

はじめての広東語●目次

発音編

正しい発音をマスターしましょう

発音表記法　17

1. 声調　19

2. 短母音の発音　20

3. 子音の発音　22
　1　唇を使って出す音
　2　舌の先を使って出す音
　3　舌の先の摩擦によって出す音
　4　舌のつけ根を使って出す音
　5　半母音化された子音

4. 複合母音　25
　1　複母音　長母音・短母音
　2　尾音 m,n,ng のついた母音
　　　m,n,ng で終わる長母音の発音
　　　m,n,ng で終わる短母音の発音
　3　尾音 o,t,k のついた母音
　　　o,t,k で終わる長母音の発音
　　　o,t,k で終わる短母音の発音
　　　間違いやすい発音
　　　難しい発音の練習

会話編

広東語で話しましょう

1 こんにちは。 36

応用練習 いろいろな「挨拶」の言い方
1 こんにちは。
2 「ありがとうございます。」「どうもありがとう」と言われたときの返事
3 相手と別れるときの挨拶
4 一般庶民同士の挨拶

2 私は日本人です。 40

応用練習 「あなたは〜ですか」とその答え方
　　　　　（国、出身地、職業について）
1 あなたは〜ですか？ ｛はい／そうです。 いいえ。
2 私は〜です。
3 彼は〜ではありません。
4 私も〜です。
文法 1 形容詞を使った文　動詞を使った文

3 コーヒーはいかがですか？ 48

応用練習
1 （ものを勧められたときの）〜はいかがですか？
2 あなたは〜をしますか？

3 （ものや、商品の有無を尋ねるときの）～はあります か？
　{あります。　ありません。
4 （所有を尋ねるときの）～を持っていますか？
5 どうぞ～してください。

4 これは何ですか？　　52

応用練習
1 ～の～
2 こ、そ、あ、ど
3 あなたは何を～しますか？
4 ～は？

文法2　1 数字の数え方　2 物を数える単位＝量詞

5 荷物はいくつありますか？　　58

応用練習
1 あなたは～をいくつ持っていますか？
2 ～はあなたのですか？
　{はい、（私のです。）　いいえ、（私のではありません。）
3 ～は誰のですか？

参考1　1 数字の数え方　2 西暦の表し方
　　　　3 日づけの表し方　4 曜日の表し方
　　　　5 時間の表し方

参考2　旅行日程表　香港の主な市街地、観光地

6 今は何時ですか？　66
応用練習
1　〜は何月何日ですか？
2　〜何曜日ですか？
3　何時に〜しますか？
4　あなたはいつ〜しますか？

7 もう少し大きいのがありますか？　70
応用練習
1　いろいろな形容詞
2　いろいろな副詞（〜すぎる、とても、かなり／結構）
3　それほど〜ない
4　少し／もっと〜のがありますか？
参考3　ホテルの部屋の配置
応用練習　ホテルでの会話
1　〜が故障です。
2　〜が出ない。
3　〜何時 {から／まで　ですか？
4　〜を持ってきてください。

8 レストランはどこですか？　78
応用練習
1　方角や位置を示すもの
2　〜はどこ {ですか？／にいますか？／にありますか？
3　〜は〜にいる・ある。

4　～に～がいますか？／ありますか？
　　5　お尋ね／お伺いしたいのですが／失礼ですが。

9　どこで昼食をたべますか？　　84
応用練習
　　1　場所で～する
　　2　場所で～しない
　　3　場所①から（場所②）{に来る。／に行く。
　　4　～をしに～する。／～して～する。
　　5　私は～{に乗って／で {来る／行く
　　6　どう・どんな・どのように・どうやって

10　予約してありますか？　　90
応用練習
　　1　～をして {ありますか？／いますか？／しましたか？
　　　　{(して)あります。／しました。(して)ない／しなかった。
　　2　(～を)～しましたか？
　　　　{(もう)～しました。／(まだ)～していません。
　　3　～は～なのですか？
　　　　～なのです。

11　どこから来たのですか？　　94
応用練習
　　1　～してどのぐらい（の時間）になりますか？／どのぐ

らい～しましたか？
　2　説明文
　3　～から～まで
　4　～になった。／～くなった。
参考4　飲茶のときのお茶と点心
文法3　助動詞を使った文

12 何を食べたいですか？　　104
応用練習
　1　あなたは～するのが好きですか？
　　　{すきです。／きらいです。
　2　私は～するのが好きです。
　3　私は～するのがきらいです。
　4　私は～したいです。
　5　私は～｛したいです。／しなければなりません。／する必要があります。
　6　（～を）し終えましたか？
　　　{（もう）終わりました。／（まだ）終わっていません。
　7　a　～は（いったい）～なのですか？
　　　b　～は～なのです。

13 今日のレートはいくらですか？　　110
応用練習
　1　お金の言い方
　2　すみません、aをbに換えてください。
　3　すみません、～をくずしてください。

14 少し安くしてもらえますか？　116
応用練習
1　ちょっと〜する／〜してみる。
2　〜{のほかに／を除いたほかは　〜
3　{そんなに／あんなに／こんなに　〜なの？
4　〜できますか？／〜いいですか／〜してもらえますか。
　{できます／いいです。　だめです。

15 どこで買えますか？　120
応用練習
1　兼語文（目的語前後の動詞がその目的語を兼用している）
2　どこで〜することができますか？
3　〜いくらですか？
4　〜をください。（ものを買うときや、レストランで注文するとき）

参考５　ファッションに関する基本語

16 屋台へ行ったことがありますか？　126
応用練習
1　〜したらどうですか？／〜したほうがいい。／〜しましょう。
2　〜したことがありますか？{あります。　ありません。
3　〜したことがありますか？
　{したことがあります。　したことがありません。
4　「何回しましたか？」と聞かれたとき
5　ほかではなく〜だ。／〜こそ〜だ。

17 少ししか話せません　　132
応用練習
1　○○に〜させてください。
2　〜く・に〜（動作の状態や程度を表す）
3　〜できますか？｛できます。　できません。
4　〜しかない／〜だけです。

18 雨が降らないと思います。　　138
応用練習
1　〜してもいいですか？｛いいです。　だめです。
2　私は〜するつもりです。
3　からするでしょう。／〜するはずです。
4　もし〜ならば〜。
5　考える、思う
6　〜といっている、〜だそうです、〜と思う（私とあなたの間でしか使わない）

参考6　家族の呼び方

19 お子さん何人いますか？　　146
応用練習
1　〜しか｛ない。　持ってない。
2　〜しているところ／〜中
3　新しい事態の確認を示す（もう〜になった／もう〜だよ）
4　aはbと｛同じぐらい／同じく｝＋形容詞
5　aはbより＋（程度の言葉）＋形容詞

20 何でもいいです。　150
応用練習
1　～しましょうか？
2　それとも～ですか？
3　全面的な肯定または否定
4　～で～だ／～だし～だ
5　それでは～／それなら～

21 メニューを見せてください。　154
応用練習
1　すみませんが、～を見せてください。
2　～は気に入るかどうか、見てください→～はいかがですか。
3　～放題
4　もっと、また、その上

22 このバスは海洋公園に行きますか？　158
応用練習
1　aはbに～させる　aはbに～するように言う
2　～までする

23 少し熱があるみたいです。　162
応用練習
1　相手の注意を呼び起こしたり、要求したり、忠告した

りする感情を表す言葉
　　2　少し〜ある、ちょっと〜ある
　　3　〜みたい
　　4　〜と感じる、〜と思う

24 タクシーを呼んでください。　166
応用練習
　　1　〜のところ
　　2　AはBのかわりに／のために〜してあげる／くれる
　　3　全部〜してしまう／完全に〜した
　　4　方向を示す「補語」

25 お気をつけて。　170
応用練習
　　1　AはBに〜をさせる。
　　2　ちょうど〜、たったいま〜、〜したばかり
　　3　〜するとき／したとき〜。
　　4　〜の時間です。
　　5　〜をお祈りします。／〜おめでとう。

巻末　広東語のローマ字表記の種類

　　　　　　　　　　　　　　　カバーデザイン　KJ デザイン室
　　　　　　　　　　　　　　　カバーイラスト　KJ デザイン室
　　　　　　　　　　　　　　　本文イラスト　　安東章子

発音編

正しい発音をマスターしましょう

　広東語は発音に始まって発音に終わるといわれ、正しい発音は広東語をマスターする第一歩です。
　広東語は漢字を使うので、日本人にとって目でわかるという便利なところがありますが、間違った発音を誘いがちです。ですから広東語を学ぶにあたっては漢字に目を奪われることなく、耳と口を十分に使うよう心がけてください。
　これからは発音を学んでいきますが、最初は漢字はそのまま読めませんから、カタカナの発音表記を参考にしながらローマ字による発音表記をマスターしましょう。

発音表記法

　広東語を書き表すには通常、漢字を使いますが、漢字は直接には発音を示しません。そのため、音を示すのには、ローマ字が使われています。広東語のローマ字発音表記は、これまでさまざまな方式が考案され、それぞれの特色があります。本書では、イエール大学の研究スタッフによって考案されたイエール式ローマ字表記を採用しました（ただし、便宜上7種類の声調を6種類に省略しています。P. 174参照)。イエール式ローマ字表記（ローマ字つづり）は広東語の発音を示すためにつくられた約束ごとですので、英語のつもりで発音しないように注意しましょう。録音テープも別に用意されていますので、つづりと実際の発音を一体化するように練習してください。

　それから、ローマ字に慣れるまでの手がかりとして本書ではカタカナによる発音ルビもそえてあります。

　続いて、広東語の音のしくみについて説明しましょう。広東語では原則としてそれぞれの音節（1つの音節＝1つの漢字）が1つの意味の単位になっています。そして、広東語の音節の構造は下記のように、母音（子音と組み合わさった母音も含む）と声調で構成されています。

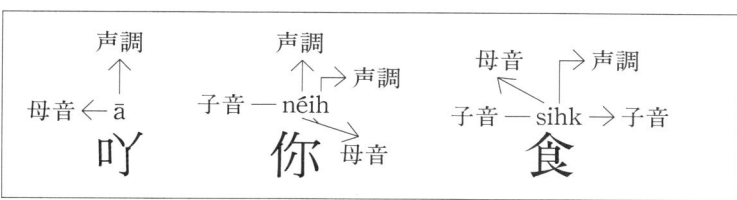

しかし、カタカナ表記はあくまでも便宜的なもので、広東語の発音をすべて正確に示すことができませんが、広東語の話者に近い音に聞こえるように工夫しました。そのため「sēung ショオン」、「keúih コョイ」のような日本語にない発音や、「jing ぜん」、「jíng チェん」のように一貫性のないものもあります（声調が違うからです）。そのほか、以下のように表記に工夫しました。

(1) 子音のうち、無気音と有気音の区別として、後者を太字にすることで示す。
(2) 鼻音の「n」はカタカナの「ン」、「ng」はひらがなの「ん」で示す。

1. 声調

広東語では、どの音節（つまりどの漢字）にも音の高低変化が伴っており、それを「声調」といいます。標準中国語には4種類の声調があるので「四声」と呼ばれていますが、広東語には6種類（便宜上1種類省略）があるので、「六声」と呼ぶことにしました。

以下の図は**「六声」の高低変化**を示してあります。

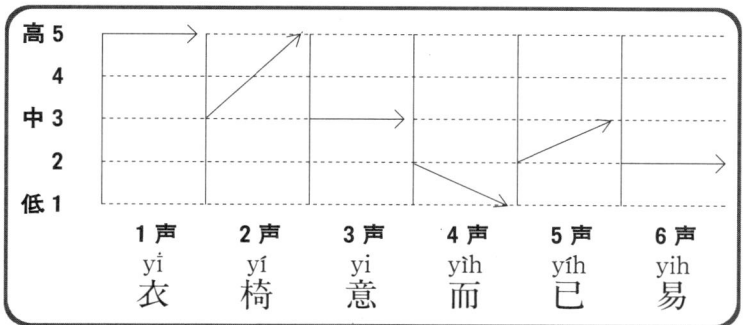

上の図のように、高い音から低い音へと5段階に分けて、声調の高低変化を示してありますが、それは絶対的な高さではなく、あくまでも相対的な高さです。また、2声、4声、5声のような上がったり、下がったりする声調の変化も話者の感情や強調などによって上げ幅・下げ幅が大きくなったりすることがあります。そして声調の示し方について、声調の低い4、5、6声には母音の後に必ず「h」がつきます。

練習 ①ā á a àh áh ah
② ē é e èh éh eh
③ ō ó o òh óh oh

2. 単母音 (a、e、eu、o、i、u、yu) の発音

広東語の母音の特徴は、長母音と短母音の区別があることです。それは日本語の「おじさん」と「おじいさん」の区別と同じようなもので、母音をのばすことによって意味が違った言葉になります。広東語の7つの単母音は全部長母音ですから、それを意識しながら写真や説明などを参考に発音してみてください。

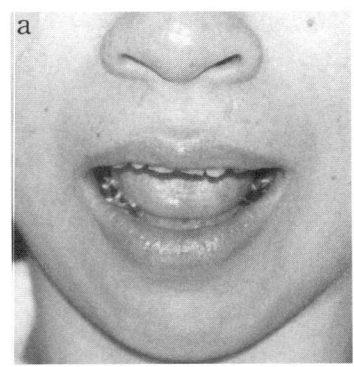

日本語の「ア」よりもっと大きく口を開けて「アー」

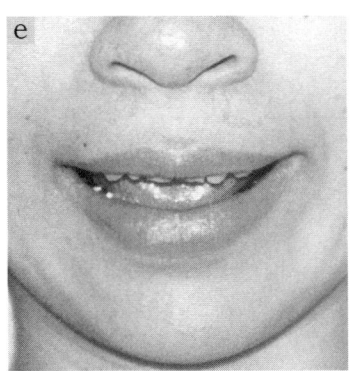

日本語の「エ」より少し唇を左右に引いて「エー」

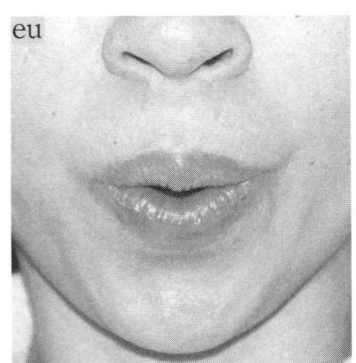

「エー」と言いながら徐々に唇をすぼめて言い続ければ「eu」になる

o

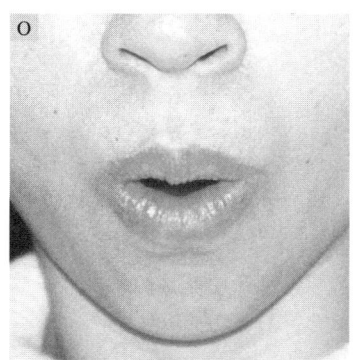

唇を丸め少し前につき出して「オー」

i

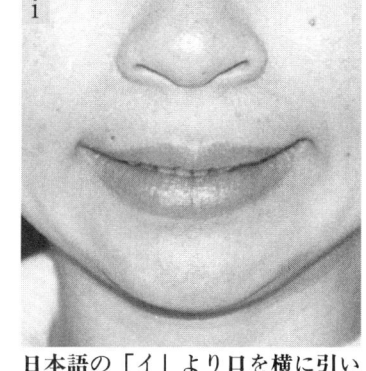

日本語の「イ」より口を横に引いて「イー」

u

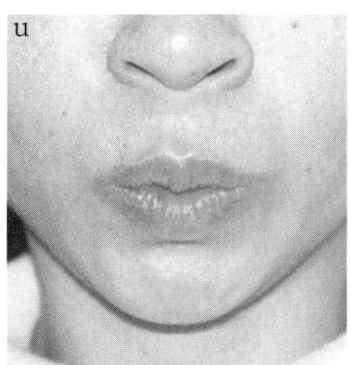

口をとがらせ、丸くすぼめて「ウー」

yu

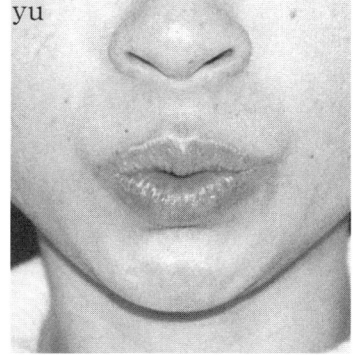

「i」を言いながら口を徐々に「u」の形にして、そのまま維持すれば「yu」になる

3. 子音 (b、p、m、f) の発音　CD-3

　広東語の子音は全部で19種類あります。ここでいう子音は音節の頭に来る子音のことです。子音の発音を練習する前に、まず「有気音」と「無気音」の違いについて理解しておく必要があります。「有気音」とは息を溜めてから急速に吐き出す発音方法です。これに対して、「無気音」は声門を閉じないで息をわざわざ出さないような発音方法です。広東語では「有気音」と「無気音」は意味の違いにつながってくるので、十分注意が必要です。なお、下記のカタカナ表記では有気音は太字で表し無気音と区別してあります。

　子音は発音するときに使う口の部位により、5種類に分けられます。

① 唇を使って出す音

(練習のためそれぞれ( )内に母音を加えてあります。以下同じ)

b(o)	(無気音)	上下唇を閉じておいて、静かに「ポー」
p(o)	(有気音)	上下唇を閉じて強く息を吐き出して「**ポー**」
m(o)		両唇を合わせて、「o」の音をしっかりと「モー」
f(o)		上の歯で下唇をかんで「フォー」

練習　霸　怕　咩　啡
　　　　 ba　pa　mē　fē
　　　　 バー　**パー**　メー　フェー

子音 (d、t、n、l、j、ch、s) の発音

② 舌の先を使って出す音

d(a)	(無気音)	舌先を上の歯ぐきに軽くあてて、静かに離し「ター」
t(a)	(有気音)	舌先は da と同じ位置にして息を強く吐き出し「ター」
n(a)		舌先を上の歯ぐきにしっかりつけて「ナー」
l(a)		舌先を前歯のすぐうらにあてて「ラー」

*現在香港の広東語では子音の「n」を「l」と区別せず、混同して発音する傾向が多い。例えば néih（你）⇒ léih と発音されます。

練習

多　拖　泥　嚟
dō　tō　nàih　làih
ト―　ト―　ナイ　ライ

③ 舌の先の摩擦によって出す音

j(i)	(無気音)	舌を平らにし、唇を左右に引いて、静かに「チー」
ch(i)	(有気音)	j と同じ口の形で、息を強く吐き出して「チー」
s(i)		j や ch と同じ口の形で「シー」

練習

左　楚　鎖
jó　chó　só
チョー　チョー　ソー

姐　車　些
jē　chē　sē
チェー　チェー　セー

子音 (g、k、gw、kw、h、ng、y、w) の発音

④ 舌のつけ根を使って出す音

g(a)	（無気音）	のどの奥近くに舌のつけ根を合わせて、静かに「カー」
k(a)	（有気音）	gと同じ口の形で息を強く吐き出して「カー」
gw(a)	（無気音）	口を丸め、静かに「クワー」
kw(a)	（有気音）	口を丸め、息を強く吐き出して「クワ」
h(a)		のどの奥でやや摩擦させて「ハー」
ng(a)		のどの奥と舌のつけ根を合わせて「んガー」
		（日本語の鼻濁の「ガ」に近い）

*現在の香港では、音節の初頭子音の ng が脱落して発音されず、母音から始まることがあります。例えば Ngóh（我）⇒ óh と発音されます。

練習

家　　卡　　瓜　　跨
gā　　kā　　gwā　　kwā
カー　カー　クワー　クワー

下　　賀　　牙　　餓
hah　hoh　ngàh　ngoh
ハー　ホー　んガー　んオー

⑤ 半母音化された子音

y(a)	日本語の「ヤー」とほぼ同じ
w(a)	日本語の「ワー」とほぼ同じ

練習

衣　　也　　蛙　　窩
yī　　yáh　　wā　　wō
イー　ヤー　ワー　ウォー

4. 複合母音

広東語の母音には単母音（P.17参照）と複合母音があります。そして複合母音は発音の特徴により、複母音、尾音 m、n、ng のついた母音、尾音 p、t、k のついた母音の3種類に分けられます。

① 複母音 （7つの単母音が組み合わさったもの）

○長母音

aai	「アー」に軽く「イ」をそえて「アーイ」
aau	「アー」の後に口を丸めて「アーウ」
oi	唇を丸めて「オーイ」
iu	口を左右に引いて「イー」の後「ウ」をつけて「イーウ」
ui	「ウー」の後で、軽く「イ」を添えて「ウーイ」

○短母音

ai	曖昧な「ア」と同時に「イ」をつけて短く「アイ」
au	曖昧な「ア」と同時に「ウ」をつけて短く「アウ」
ei	「エ」に軽く「イ」をそえて「エイ」
eui	「エ」を言いながら唇をすぼめて言い続け「eu」の発音ができたら、その後軽く「イ」をつける
ou	口を小さく丸め「オ」の後で、「ウ」をつけて「オウ」

練習

（長母音）
街 gāai カーイ　貓 māau マーウ　該 gōi コーイ　錶 bīu ビーウ　杯 būi プーイ

（短母音）
鶏 gāi カイ　踎 māu マウ　居 gēui コョイ　悲 bēi ペイ　保 bōu ポウ

② 尾音 m、n、ng のついた母音

鼻音 m、n、ng で終わる複合母音は仮名で示せば、どれも「ン」ですが、実際の発音はそれぞれ違います。

-m	両唇を合わせて息を鼻に通す。「天魔(テンマ)」の「ン」と同じ
-n	舌先を上の歯ぐきに押しつける。「女(オンナ)」の「ン」と同じ
-ng	舌根をのどに押しつける。「漫画(マンガ)」の「ン」と同じ

○m、n、ng で終わる長母音の発音

単母音の a、e、eu、o、i、u、yu を長くのばすした後、それぞれ上記の要領で m、n、ng をつけて発音します。

aam、aan、aang、eng、eung、on、ong、im、in、un、yun

○m、n、ng で終わる短母音の発音

単母音の a、eu、i、u の部分は意識的に短く、後ろに m、n、ng をつけて発音します。

am、an、ang、eun、ing、ung

練習

長母音	三 sāam サーム	玩 wáan ワーン	生 sāang サーん	釘 dēng テーん
短母音	心 sām サム	揾 wán ワン	生(活) sāng サん	丁 dīng テん
長母音	窗 chēung チョオん	剛 gōng コーん	本 bún プーン	煙 yīn イーン
短母音	春 chēun チョン	工 gūng コん	棒(塲) búng ポん	英 yīng イェん

長母音　　趕　　嫌　　元
　　　　　gón　yìhm　yùhn
　　　　　コーン　イーム　ユィン

③ 尾音 p、t、k のついた母音

　p、t、k で終わる複合母音の発音は日本語の促音のように短くつまる音に似ています。発音方法を示します。

-p	「立派」の「パ」を言う前の口の形
-t	「嫉妬」の「ト」を言う前の口の形
-k	「日課」の「カ」を言う前の口の形

○p、t、k で終わる長母音の発音

　単母音の a、e、eu、o、i、u、yu を長くのばした後、それぞれ上記の要領で p、t、k をつけて発音します。

　aap、aat、aak、ek、euk、ot、ok、ip、it、ut、yut

○p、t、k で終わる短母音の発音

　単母音の a、eu、i、u の部分を意識的に短く後ろに p、t、k をつけて発音します。

　ap　at　ak　eut　ik　uk

練習

長母音　　圾　　滑　　黑　　石
　　　　saahp　waaht　hāak　sehk
　　　　サーップ　ワーット　ハーック　セーク

短母音　　十　　核　　克　　食
　　　　sahp　waht　hāk　sihk
　　　　サップ　ワット　ハック　セック

長母音		略 leuhk リョーック	着 jeuhk チョーック	落 lohk ローック	滅 miht ミーット
短母音		律 leuht ロット	續 juhk チョック	六 luhk ロック	覓 mihk メック
長母音		葉 yihp イープ	熱 yiht イート	括 kut クート	決 kyut キュイット

○ 間違いやすい発音

[j] [ch]

① 汁 jāp チャップ　　輯 chāp チャップ　　② 仗 jeung チョオん　　唱 cheung チョオん

③ 早 jóu チョウ　　草 chóu チョウ　　④ 竹 jūk チョック　　速 chūk チョック

[eng] [ing] [in]

① 腥 sēng セーん　　星 sīng せん　　先 sīn シン　　② 廳 tēng テーん　　聽(日) tīng テん　　天 tīn ティン

③ 井 jéng チェーん　　整 jíng チェん　　剪 jín チン　　④ 請 chéng チェーん　　拯 chíng チェん　　錢 chín チン

[ek] [ik]

① 踢 tek テーック　　剔 tik テック　　② 蓆 jehk チェーック　　直 jihk チェック

[eut] [uk] [ok]

① 跺 督 度(身) ② 却 曲 確
  deuk dūk dohk   keuk kūk kok
  トョーック トック トック   キョーック コック コーック

③ 藥 玉 獲 ④ 略 六 落
  yeuhk yuhk wohk   leuhk luhk lohk
  ヨーック ヨック ワーック   リョーック ロック ローック

[o] [ou]

① 多 都 ② 左 早
  dō dōu   jó jóu
  トー トウ   チョー チョウ

[e] [ei]

① 咩 尾 ② 茄 (屋)企
  mē mēi   ké kéi
  メー メイ   ケー ケイ

[it] [ik]

① 蝕(本) 食 ② 熱 亦
  siht sihk   yiht yihk
  シーット セック   イーット イェック

[eut] [euk]

① 律 略 ② 出 卓
  leuht leuhk   chēut cheuk
  ロット リョーック   チョット チョーック

[eun] [eung]

① 樽 張 ② 詢 雙
  jēun jēung   sēun sēung
  チョン チョン   ソン ソョオん

29

③ 論 亮 ④ 春 槍
　 leuhn leuhng 　 chēun chēung
　 ロン リョォン 　 チョン チョォん

[ong] [eung] [ung]

① 桑 雙 鬆 ② 闖 搶 寵
　 sōng sēung sūng 　 chóng chéung chúng
　 ソーん ソョォん ソん 　 チョーん チョォん チョん

③ 狂 強 窮 ④ 狼 涼 龍
　 kòhng kèuhng kùhng 　 lòhng lèuhng lùhng
　 コーん キョォん コん 　 ローん リョォん ロん

[n] [ng]

① 真 憎 ② 山 生
　 jān jāng 　 sāan sāang
　 チャン チャん 　 サーン サーん

③ 趕 講 ④ 看 康
　 gón góng 　 hōn hōng
　 コーン コーん 　 ホーン ホーん

○難しい発音の練習

① 兩 張 相　　2枚の写真
　 léuhng jēung séung
　 リョォん チョォん ソョォん

② 兩 封 信　　2通の手紙
　 léuhng fūng seun
　 リョォん フぉん ソン

③ 兩 對 脚　　2本の足
　 léuhng deui geuk
　 リョォん トイ キョーック

④ 兩 箱 靴　　2箱のブーツ
　 léuhng sēung hēu
　 リョォん ソョォん ヒョオ

⑤ 我 想 去 香 港。私は香港へ行き
　 Ngóh séung heui hēung góng　たい。
　 んゴー ソョオン ホョイ ヘョオン コーん

⑥ 我 要 學 廣 東 話。私は広東語
　 Ngóh yiu hohk gwóng dūng wá　を学ぶ必要
　 んゴー イウ ホーック クウォーん トん ワー　がある。

会話編

広東語で話しましょう

　繰り返し聞いて、繰り返し話すことは言葉を覚えるいちばんの早道だと思います。

　これからの会話編は旅の各場面の会話と応用練習を通じて、旅行や日常会話で必要度の高い単語や基礎表現をまとめました。耳から聞く、話す訓練のために、テープで繰り返し練習することが大切です。

機内での出会い①

1 こんにちは

A：こんにちは。

B：こんにちは。

A：お名前は何とおっしゃるんですか？（名字のみ尋ねるとき）

B：林と申します。あなたのお名前は？

A：李と申します。

	1人称	2人称	3人称
単数	私	あなた	彼、彼女
複数	私たち	あなたたち	彼ら、彼女ら

一休み

ここでは「你好！」は「こんにちは。」と訳していますが、昼、夜と時間に関係なくいつでも使える便利な言葉です。ただし、近所の人や同僚など、よく顔を合わせている人同士はあまり使わず「飲茶した？」、「ご飯を食べた？」といった挨拶を交わし合っています。また、初対面の人と出会ったとき、「はじめまして。」の意味としても使えます。

你好!

A: 你好!
Néih hóu
ネイ ホウ

B: 你好!
Néih hóu
ネイ ホウ

A: 貴姓呀?
Gwai sing a
クワイ せん アー

B: 我姓林。你貴姓呀?
Ngóh sing Làhm Néih gwai sing a
んゴーセン ラム ネイ クワイ せん アー

A: 我姓李。
Ngóh sing Léih
んゴーセン レイ

	1人称	2人称	3人称
単数	我 Ngóh んゴー	你 Néih ネイ	佢 Kéuih コョイ
複数	我哋 Ngóh-deih んゴーテイ	你哋 Néih-deih ネイテイ	佢哋 Kéuih-deih コョイテイ

メモ

「～呀?」は疑問文の文末につけると、「～ですか?」と問いかける口調になります。

応用練習　　いろいろな「挨拶」の言い方

1 ①こんにちは。／はじめまして。

②みなさん、こんにちは。

③おはようございます。

④ありがとうございます。（物をもらったときなど）

⑤どうも。ありがとう。（何かしてもらったときなど）

2 「多謝」「唔該」と言われたときの返事
①どういたしまして。

3 相手と別れるときの挨拶
①さようなら。

②またいつか会いましょう。

③お気をつけて。

4 一般庶民同士の挨拶
①a：飲茶（朝食）は済みましたか？　b：済みました。ありがとう。
②a：ご飯を食べましたか？　b：まだです。

1

① 你好！
Néih hóu
ネイ ホウ

② 你哋好！
Néih-deih hóu
ネイテイ ホウ

③ 早晨。
Jóuh-sàhn
チョウサン

④ 多謝。
Dō-jeh
トーチェー

⑤ 唔該。
M̀h-gōi
ムコーイ

2

① 唔使 客氣。
M̀h-sái haak-hei
ムサイ ハーックヘイ

3

① 再見。
Joi-gin
チョーイキーン

② 第日 見。
Daih-yaht gin
タイヤット キーン

③ 慢慢 行。
Maahn-máan hàahng
マーンマーン ハーん

4

① a: 飲咗 茶未呀？   b: 飲咗 嘞，唔該。
　　 Yám jó chàh meih a   Yám jó laak m̀h-gōi
　　 ヤムチョーチャーメイアー   ヤムチョーラーック ムコーイ

② a: 食咗 飯未呀？   b: 未食。
　　 Sihk jó faahn meih a   Meih sihk
　　 セックチョーファーンメイアー   メイセック

2 機内での出会い❷
私は日本人です。

A：李さんは香港の方ですか？

B：はい、（私は香港の出身です。）あなた**は**？

A：私は日本人です。

B：彼女は奥さん**ですね**？

A：はい、（彼女は妻です。）彼女も日本人です。

メモ
●一般の呼称

	男性	女性（未婚）	女性（既婚）
①	先生 Sīn-sāang シンサーン	小姐 Síu-jé シウチェー	太太 Taai-táai ターイターイ
②	李(先)生 Léih(sīn-)sāang レイ(シイ)サーン	王小姐 Wóhng síu-jé ウォーンシウチェー	陳(太)太 Chàhn(táai-)táai チャーン(ターイ)ターイ

① レストランやお店の店員さんが「お客さん」と呼ぶときや街で知らない人に何かを尋ねるといった場合によく使います。
② 知っている相手にその名字をつけて呼ぶと、「〜さん」の意味になります。ただし、中国人の場合は結婚しても名字が変わらないので、既婚の女性であっても、本人の名字で呼びかけるときは〜小姐と呼びます。

我係日本人。

CD-7

A：李 小姐 係唔係 香港人 呀？
　　Léih síu-je haih-m̀h-haih Hēung-góng-yàhn a
　　レイシウチェー ハイムハイ ヘョォンコーンヤンアー

B：係, (我 係 香港 人) 你呢？（参照P.52）
　　Haih (ngóh haih Hēung-góng-yàhn) néih nē
　　ハイ （んゴーハイヘョォンコーンヤン）ネイネー

A：我 係 日本人。
　　Ngóh haih Yaht-bún-yàhn
　　んゴーハイヤットブーンヤン

B：佢 係 你 太太 吖？
　　Kéuih haih néih taai-táai àh
　　コョイハイ ネイターイターイアー

A：係, (佢 係 我 太太。) 佢 都 係 日本人。
　　Haih (Kéuih haih ngóh taai-táai) Kéuih dōu haih Yaht-bún-yàhn
　　ハイ （コョイ ハイんゴーターイターイ）コョイトウ ハイヤットブーンヤン

メモ

「係」は日本語の「私は～だ。」、「これは～だ。」と説明するときの「(～は) ～だ」に相当する言葉。また、簡単な返事「はい」、「そうです」としても使われます。否定するときは「～ではない」を表す言葉「唔」を加えて「唔係」となります。疑問文は下記の3通りの言い方がありますが、「～係唔係～呀？」という形はもっともよく使われる表現です。

① 你 係唔係 日本人 呀？
　　Néih haih-m̀h-haih Yaht-bún-yàhn a
　　ネイ ハイムハイ ヤットブーンヤンアー

② 你 係 日本人 嗎？
　　Néih haih Yaht-bún-yàhn ma
　　ネイ ハイヤットブーンヤンマー

③ 你 係 日本人 唔係呀？
　　Néih haih Yaht-bún-yàhn m̀h-haih a
　　ネイ ハイヤットブーンヤン ムハイアー

① ② ③とも「あなたは日本人ですか？」の意味ですが①はいちばんよく使われます。

「都」はここでは「も」の意味として使われます。

応用練習　「あなたは～ですか」とその答え方(国、出身地、職業について)

1 あなたは～ですか？ ｛はい。／そうです。
　　　　　　　　　　　いいえ。

①あなたは**日本人**ですか？

②あなたは**中国人**ですか？

③あなたは**アメリカ人**ですか？

2 私は～です。

①私は**香港の出身**です。

②私は**広東の出身**です。

③私は**上海の出身**です。

3 彼は～ではありません。

①彼は**先生**ではありません。

②彼は**学生**ではありません。

③彼は**公務員**ではありません。

4 私も～です。

①私も**会社員**です。

②私も**主婦**です。

1 你係唔係～呀？ ｛係。
　　　　　　　　　唔係。

① 你 係唔係　日本人　呀？
　　Néih haih-m̀h-haih Yaht-bún-yàhn a
　　ネイ　ハイムハイ　ヤットブーンヤンアー

② 你 係唔係　中國人　呀？
　　Néih haih-m̀h-haih Jūng-gwok-yàhn a
　　ネイ　ハイムハイ　チョンクウォックヤンアー

③ 你 係唔係　美國人　呀？
　　Néih haih-m̀h-haih Méih-gwok-yàhn a
　　ネイ　ハイムハイ　メイクウォーックヤンアー

2 我係～。

① 我 係　香港人　。
　　Ngóh haih Hēung-góng-yàhn
　　んゴーハイヘョオンコーンヤン

② 我 係　廣東人　。
　　Ngóh haih Gwóng-dūng-yàhn
　　んゴーハイクウォーントンヤン

③ 我 係　上海人　。
　　Ngóh haih Seuhng-hói-yàhn
　　んゴーハイショオんホーイヤン

3 佢唔係～。

① 佢 唔係　先生 。
　　Kéuih m̀h-haih sīn-sāang
　　コョイ　ムハイ　シンサーん

② 佢 唔係　學生 。
　　Kéuih m̀h-haih hohk-sāang
　　コョイ　ムハイ　ホーックサーん

③ 佢 唔係　公務員 。
　　Kéuih m̀h-haih gūng mouh yùhn
　　コョイ　ムハイ　コンモウユィン

4 我都係～。

① 我 都 係　公司職員 。
　　Ngóh dōu haih gūng-sī jīk-yùhn
　　んゴートウハイ　コンシーゼックユィン

② 我 都 係　家庭主婦 。
　　Ngóh dōu haih gā-tìhng jyú-fúh
　　んゴートウハイガーテンチュィフー

文法 1

○形容詞を使った文

主　語	副詞（＋係）	副　詞	形 容 詞	疑問を表す語気助詞
① 你 Néih ネイ			好 hóu ホウ	
② 我 Ngóh んゴー		好 hóu ホウ	好 hóu ホウ	
③ 日本 Yaht-bún ヤットプーン	唔 m̀h ム		大 daaih ターイ	
④ 佢 Kéuih コョイ	唔＋係 m̀h-haih ムハイ	幾 géi ケイ	高 gōu コウ	
⑤ 佢 Kéuih コョイ			高 gōu コウ	嗎？ ma マ

① こんにちは。／はじめまして。(「あなたはよい」という意味から)

② 私は(とても)元気です。(形容詞の前に置く副詞としての「好」は、強く発音しない限り「とても」という意味を特に持たない)

③ 日本は大きくありません。(「唔」は否定形をつくる副詞)

④ 彼はそれほど背が高くありません。(「幾(副詞)＋高(形容詞)」を否定する場合は「唔」だけではなく「唔＋係」という形をとらなければなりません)

⑤ 彼は背が高いですか？
　⑤のかわりに、よく下記のような反復疑問文(肯定と否定を組み合わせた形)が使われます。

肯定＋否定 ➡ 反復疑問文

例

高　唔高　➡　高唔高 呀？　背が高いですか？
　　　　　　gōu-m̀h-gōu a
　　　　　　コウムコウアー

大　唔大　➡　大唔大 呀？　大きいですか？
　　　　　　daaih-m̀h-daaih a
　　　　　　ターイムターイアー

貴　唔貴　➡　貴唔貴 呀？　(値段が)高いですか？
　　　　　　gwai-m̀h-gwai a
　　　　　　クワイムクワイアー

○動詞を使った文

主語	副詞	動詞	目的語	疑問を表す語気助詞

① 我 　　　　　　 去
　Ngóh　　　　　　heui
　んゴー　　　　　　ホョイ

② 佢　　唔　　嚟
　Kéuih　m̀h　làih
　コョイ　ム　　ライ

③ 我　　　　　睇　　書
　Ngóh　　　　tái　　syū
　んゴー　　　タイ　　シュィ

④ 你　　　　　飲　　茶　　嗎？
　Néih　　　　yám　chàh　ma?
　ネイ　　　　ヤム　チャー　マ

①　私は行きます。(肯定・平叙文)

②　彼は来ません。(否定)

③　私は本を読みます。(広東語の動詞と目的語の配置は日本語と逆になります)

④　あなたはお茶を飲みますか？(疑問文)
　④のように平叙文に「嗎」をつけて疑問文になりますが、この形よりも下記のような反復疑問文のほうがよく使われています。

肯定＋否定 → 反復疑問文

例

有　　冇　→　有*冇 〜呀？　　｛〜がありますか？
　　　　　　　yáuh-móuh　　a　　〜を持っていますか？
　　　　　　　ヤウモウ　　　アー

要　　唔要　→　要唔要〜呀？　　｛〜を要りますか？
　　　　　　　yiu-m̀h-yiu　　a　　〜がほしいですか？
　　　　　　　イウムイウ　　アー

買　　唔買　→　買唔買 〜呀？　(〜を買いますか？)
　　　　　　　máaih-m̀h-máaih　a
　　　　　　　マーイムマーイ　　アー

＊「冇」は「有」の否定形です。普通の反復疑問文は「唔有」という形にはなりません。

機内でのサービス
3 コーヒーはいかがですか？

A：お客さん、コーヒーはいかがですか？

B：はい、お願いします。

A：ミルク**と**お砂糖は要りますか？

B：いいえ、結構です。

　　　　　　★　　　★　　　★

B：(スチュワーデスに対して) すみません、**入国カード**はありますか？

A：あります。ちょっとお待ちください。

一休み

「多謝」と「唔該」はともに感謝の気持ちを示すときに、よく使われる言葉です。「多謝」はものを頂いたり、ごちそうになったりしたときに使われます。これに対して、「唔該」はお茶を入れてもらったり、同僚にコピーをとってもらったりしたときなど、何らかのサービスを受けたときによく使われます。これ以外に、相手に何かを頼むときとか、注文や買物など、サービスを求めるときは、「すみません、～（して）ください。」、「～をお願いします。」といった意味で「唔該」が広く使われています。

要唔要咖啡呀？

CD-9

A: 先生， 要唔要 咖啡 呀？
Sīn-sāang yiu-m̀h-yiu ga-fē a
シンサーン　イウムイウ　カーフェーアー

B: 好 呀，唔該。
Hóu a m̀h-gōi
ホウアー　ムコーイ

A: 要唔要 奶 同 糖 呀？
yiu-m̀h-yiu náaih tùhng tòhng a
イウムイウ　ナーイ　トん　トーンアー

B: 唔要，唔該。
M̀h-yiu m̀h-gōi
ムイウ　ムコーイ

★　　　★　　　★

B: 唔該 小姐， 有冇 入境咭 呀？
M̀h-gōi síu-jé yáuh-móuh yahp-gíng-kāat a
ムコーイシウチェー　ヤウモウ　ヤップけンカーットアー

A: 有， 請 等（一）等 吖。
Yáuh chéng dáng(yāt)dáng ā
ヤウ　チェーンたん（ヤット）たんアー

メモ

「要」はもともと「要ります」、「ほしい」という意味ですが、相手にものを売り込んだり、勧めたりするときにもよく使われます。

「好」は形容詞として「よい」という意味ですが、相手の勧めや依頼、提案を受け入れるときに「好（呀）。」とよく使われます。後ろの「呀」はこの場合「いいですね。」とか「いいですよ。」のように口調を柔らげる役目をする言葉です。第1課の「～ですか？」という疑問文をつくる「呀」とは使い方が異なります。

応用練習

1 (ものを勧められたときの)〜はいかがですか？
　　　　　　　　　　{ いただきます。／はい、お願いします。
　　　　　　　　　　　要りません。　／いいえ、結構です。

① a: お茶はいかがですか？　b: はい、お願いします。

② a: 新聞はいかがですか？　b: 要りません。

③ a: 毛布はいかがですか？　b: いいえ、結構です。

2 あなたは〜をしますか？
① あなたはビールを飲みますか？

② あなたはご飯を食べますか？

3 (ものや、商品の有無を尋ねるときの)〜はありますか。
　　　　　　　　　　　　　　　　{ あります。　ありません。

① ティッシュペーパーはありますか？　② 地図はありますか？

③ 切手はありますか？　④ 封筒はありますか？

4 (所有を尋ねるときの)〜を持っていますか？
　　　　　　　　　　　　{ 持っています。　持っていません。

① 名刺を持っていますか？　② クレジットカードを持っていますか？

5 どうぞ〜してください。
① どうぞ、お座りください。　② どうぞお茶を召しあがってください。

1 要唔要〜呀？ 　　　｛要／好呀，唔該。
　　　　　　　　　　　　唔要／唔使，唔該。

① a：要唔要 **茶** 呀？　　b：好呀，唔該。
　　　Yiu-m̀h-yiu chàh a　　　 Hóu a　m̀h-gōi
　　　イウムイウチャーアー　　ホウアー　ムコーイ

② a：要唔要 **報紙** 呀？　b：唔要。
　　　Yiu-m̀h-yiu bou-jí a　　 M̀h-yiu
　　　イウムイウボウチーアー　ムイウ

③ a：要唔要毯呀？　　　　b：唔使，唔該。
　　　Yiu-m̀h-yiu jīn a　　　 M̀h-sái　m̀h-gōi
　　　イウムイウチンアー　　　ムサイ　ムコーイ

2
① 你 飲唔飲 啤酒 呀？
　Néih yám-m̀h-yám bē-jáu a
　ネイ　ヤムムヤム　ペーチャウアー

② 你 食唔食 飯 呀？
　Néih sihk-m̀h-sihk faahn a
　ネイセックムセックファーンアー

3 有冇〜呀？ ｛有
　　　　　　　　冇

① 有冇 **紙巾** 呀？　　　　② 有冇 **地圖** 呀？
　Yáuh-móuh jí-gān a　　　　Yáuh-móuh deih-tòuh a
　ヤウモウ　チーガンアー　　　ヤウモウ　テイトウーアー

③ 有冇 **郵票** 呀？　　　　④ 有冇 **信封** 呀？
　Yáuh-móuh yàuh-piu a　　　Yáuh-móuh seun-fūng a
　ヤウモウ　ヤウーピウアー　　ヤウモウ　ソンフォンアー

4
① 有冇 **咭片** 呀？　　　　② 有冇 **信用咭** 呀？
　Yáuh-móuh kāat-pín a　　　Yáuh-móuh seun-yuhng-kāat a
　ヤウモウ　カーットピンアー　ヤウモウ　ソンヨんカーットアー

5 請〜啦／吖。
① 請 坐 啦。　　　　　　② 請 飲 茶 吖。
　Chéng chóh lā　　　　　 Chéng yám chàh ā
　チェーんチョーラー　　　　チェーんヤムチャーアー

税関にて
4 これは何ですか？

A：**パスポート**をお願いします。

B：はい。

A：あなたの**荷物**はどれですか？

B：これです。

A：これは何ですか？

B：これは**時計**です。

A：あれは？

B：あれは**服**です。

メモ

「〜呢？」は文末に来ると、疑問を表す語気詞となります。特に省略した形の疑問文に使われます。ここでの「〜呢？」は「nē」という発音で指示代名詞の「呢〜」の「nī」とは発音も意味も異なります。

呢個係セ嘢呀？　CD-11

A：**護照，唔該。**
　　Wuh-jiu　m̀h-gōi
　　ウーチウ　ムコーイ

B：**好呀。**
　　Hóu a
　　ホウアー

A：**你嘅 行李 係 邊啲 呀？**
　　Néih ge hàhng-léih haih bīn-dī a
　　ネイケー ハんレイ ハイビンティーアー

B：**呢啲。**
　　Nī-dī
　　ニーティー

A：**呢個係 セ嘢 呀？**
　　Nī-go haih māt-yéh a
　　ニーコーハイマットイェーアー

B：**呢個係 鐘。**
　　Nī-go haih jūng
　　ニーコーハイチョん

A：**嗰啲 呢？**
　　Gó-dī nē
　　コーティーネー

B：**嗰啲 係 衫。**
　　Gó-dī haih sāam
　　コーティーハイサーム

メモ

●**指示代名詞**（日本語の「こ、そ、あ、ど」に相当する）

単数	こ（の） こ（れ）　呢*（個）	あ（の） そ（の） あ（れ） そ（れ）　嗰*（個）	ど（の） どれ　邊*（個）
複数	これら　呢啲	それら あれら　嗰啲	どの　邊啲

　＊（個）は量詞（P.56参照）といって、その後に来るものによって変えなければなりませんので、（　）で示しました。これに対して、「啲」は複数のほか、金や、水など1つ、2つといった量詞で数えられないものを表すことができます。

応用練習

1 〜の〜
①私の**腕時計**　　　　　　　　②あなたの**カメラ**

③彼の**スーツケース**　　　　　④私たちの**ガイド**さん

⑤彼らの**プレゼント**　　　　　⑥誰の**ハンドバッグ**

2 こ、そ、あ、ど
①これは**ビザ**です。　　　　　②これは**おみやげ**です。

③それは**テレビ**です。　　　　④あれは**薬**です。

⑤これは**何**ですか？　　　　　⑥どれが**食べ物**ですか？

3 あなたは何を〜しますか？
①あなたは何がほしいですか？

②あなたは何を飲みますか？

③あなたは何を見ますか？／読みますか？

4 〜は？（省略した形の疑問文）
①(私は日本人です。) あなたは？

②(カメラが見あたらなくて) 私のカメラは？

1 〜嘅〜

① 我 嘅 手錶
Ngóh ge sáu-bīu
んゴーケーサウビウ

② 你 嘅 相機
Néih ge séung-gēi
ネイケーソョオンケイ

③ 佢 嘅 皮唸
Kéuih ge pèih gīp
コョイケーペイキップ

④ 我哋 嘅 導遊
Ngóh-deih ge douh-yàuh
んゴーテイケー トウヤウ

⑤ 佢哋 嘅 禮物
Kéuih-deih ge láih-maht
コョイテイケーライマット

⑥ 邊個嘅 手袋
Bīn-go ge sáu-dói
ピンコーケーサウトーイ

2 呢・嗰・邊

① 呢個 係 簽證。
Nī-go haih chīm jing
ニーコーハイ チムぜン

② 呢啲 係 手信。
Nī-dī haih sáu-seun
ニーティーハイ サウソン

③ 嗰個 係 電視機。
Gó-go haih dihn-sih-gēi
コーコーハイティンシーケイ

④ 嗰啲 係 藥。
Gó-dī haih yeuhk
コーティーハイ ヨーック

⑤ 呢啲 係 セ嘢 呀?
Nī-dī haih māt-yéh a
ニーティーハイマットイェーアー

⑥ 邊啲 係 食物 呀?
Bīn-dī haih sihk-maht a
ピンティーハイセックマットアー

3 你〜セ嘢呀?

① 你要 セ嘢 呀?
Néih yiu māt-yéh a
ネイイウマットイェーアー

② 你飲 セ嘢 呀?
Néih yám māt-yéh a
ネイヤムマットイェーアー

③ 你睇 セ嘢 呀?
Néih tái māt-yéh a
ネイタイマットイェーアー

4 〜呢?

① 你 呢?
Néih nē
ネイネー

② 我 嘅 相機 呢?
Ngóh ge séung-gēi nē
んゴーケーソョオンケイネー

文法 2

1 数字の数え方①
1　2　3　4　5　6　7　8　9　10

2 物を数える単位＝量詞

量詞	適用できるもの	例
（1）人	人間	人
（1）つ	電気製品、特定の量詞のないもの	冷蔵庫、時計
枚	上着	シャツ、セーター
（1）つ	荷物	荷物
本	細い棒状のもの	酒、たばこ、ペン
本	細長いもの	ズボン、スカート、ネクタイ
（1）カートン		たばこ
枚	平らなもの	紙、名刺
（1）つ		テーブル、いす
冊	書物	本、雑誌、ノート
匹、羽	動物	犬、牛、鶏
台	車、電化製品	車、自転車、ラジオ

応用練習

1人の人　　　一個　人
　　　　　　yāt-go　yàhn
　　　　　　ヤットコーヤン

1本の酒　　　一枝　酒
　　　　　　yāt-jī　jáu
　　　　　　ヤットチーチャウ

この新聞　　　呢張　報紙
　　　　　　nī-jēung　bou-jí
　　　　　　ニーチョオンボウチー

1

一	二	三	四	五	六	七	八	九	十
yāt	yih	sāam	sei	ńgh	luhk	chāt	baat	gáu	sahp
ヤット	イー	サーム	セイ	ング	ロット	チャット	パーット	カウ	サップ

2

量詞	例			
個 go コー	人 yàhn ヤン	雪櫃 syut-gwaih シュィットクワイ	鐘 jūng チョン	
件 gihn キーン	恤衫 sēut-sāam ショットサーム	冷衫 lāang-sāam ラーんサーム	行李 hàhng-léih ハんレイ	
枝 jī チー	酒 jáu チャウ	煙 yīn イーン	筆 bāt パット	
條 tìuh ティウ	褲 fu フー	裙 kwàhn クワン	領呔 léhng-tāai レーんターイ	煙 yīn イーン
張 jēung チョォん	紙 jí チー	咭片 kāat-pín カーットピン	枱 tói トーイ	椅 yí イー
本 bún プーン	書 syū シュィ	雜誌 jaahp ji チャーップチー	筆記 bāt gei パットケイ	
隻 jek チェーック	狗 gáu カウ	牛 ngàuh んガウ	鷄 gāi カイ	
架 ga カー	車 chē チェー	單車 dāan-chē ターンチェー	收音機 sāu-yām-gēi サウヤムケイ	

一つの荷物	一件　行李 yāt-gihn　hàhng-léih ヤットキーン　ハんレイ
ワンカートンのたばこ	一條　煙 yāt-tìuh　yīn ヤットティウイーン
どの車	邊架　車 bīn-ga　chē ピンカーチェー

5 送迎バスにて
荷物はいくつありますか?

A:あなたは荷物がいくつありますか?

B:2つです。

A:これはあなたの荷物ですか?

B:はい、これは私のです。

A:その荷物は彼のですか?

B:いいえ、それは彼のではありません。

A:この**ハンドバッグ**は誰のですか?

B:(それは)私の妻のです。

一休み

「二」と「両」はともに「2」を表しますが,「両件行李」(2つの荷物)というように後ろに何らかの量詞がついているときには必ず「両」になります。ただし、2桁以上のもの(12、102等)の場合は「両」を使いません。

有幾多件行李呀？

CD-13

A：你 有 幾多件 行李 呀？
Néih yáuh géi-dō-gihn hàhng-léih a
ネイ ヤウケイトーキーン ハんレイ アー

B： 兩件。
Léuhng-gihn
リョオんキーン

A：呢件 係唔係 你嘅 行李 呀？
Nī-gihn haih-m̀h-haih néih ge hàhng-léih a
ニーキーン ハイムハイ ネイケー ハんレイ アー

B：係， 呢件 係 我 嘅。
Haih nī-gihn haih ngóh ge
ハイ ニーキーンハインゴーケー

A：嗰件 行李 係唔係 佢 㗎？
Gó-gihn hàhng-léih haih-m̀h-haih kéuih ga
コーキーン ハんレイ ハイムハイ コョイカー

B：唔係， 嗰件 唔係 佢 嘅。
M̀h-haih gó-gihn m̀h-haih kéuih ge
ムハイ コーキーン ムハイ コョイケー

A：呢個 手袋 係邊個㗎？
Nī-go sáu-dói haih bīn-go ga
ニーコーサウトーイハイピンコーカー

B：(嗰個)係 我 太太 嘅。
(Gó-go) haih ngóh taai-táai ge
(コーコー)ハイんゴーターイターイケー

メモ

「幾多〜」は、「いくつですか？」、「いくらですか？」のように、数や金額を訪ねるときに使う言葉。後ろに量詞がくっついているものは通常10までの数になることが予想される場合に使われます。

〜㗎 は「〜嘅＋呀？」を組み合わせたもので、「〜の（です）か？」の意を表します。

応用練習

1 あなたは〜をいくつ持っていますか？
①あなたは**たばこ**を何カートン持っていますか？

②あなたは**酒**を何本持っていますか？

③あなたは**本**を何冊持っていますか？

2 〜はあなたのですか？ ｛はい、（私のです。）
　　　　　　　　　　　　 ｛いいえ、（私のではありません。）
①a：**このペン**はあなたのですか？　b：はい。

②a：**あの時計**はあなたのですか？　b：はい、私のです。

③a：**その服**はあなたのですか？　b：いいえ。

3 〜は誰のですか？
①**この新聞**は誰のですか？

②**あの車**は誰のですか？

③**その荷物**は誰のですか？

CD-14

1 你有幾多 ～呀？

① 你 有 幾多條 煙 呀？
Néih yáuh géi-dō-tìuh yīn a
ネイ ヤウケイトーティウインアー

② 你 有 幾多枝 酒 呀？
Néih yáuh géi-dō-jī jáu a
ネイ ヤウケイトーチーチャウアー

③ 你 有 幾多本 書 呀？
Néih yáuh géi-dō-bún syū a
ネイ ヤウケイトーブーンシュィアー

2 ～係唔係你㗎？ ｛係，（係我嘅。）
｛唔係，（唔係我嘅。）

① a: 呢枝 筆 係唔係 你㗎？　　b: 係。
　　　Nī-jī bāt haih-m̀h-haih néih ga　　　Haih
　　　ニーチー パット ハイムハイ ネイカー　　　ハイ

② a: 嗰個 鐘 係唔係 你㗎？　　b: 係， 係我嘅。
　　　Gó-go jūng haih-m̀h-haih néih ga　　　Haih haih ngóh ge
　　　コーコー チョン ハイムハイ ネイカー　　　ハイ ハインゴーケー

③ a: 嗰件 衫 係唔係 你㗎？　　b: 唔係。
　　　Gó-gihn sāam haih-m̀h-haih néih ga　　　M̀h-haih
　　　コーキーンサーム ハイムハイ ネイカー　　　ムハイ

3 ～係邊個㗎？

① 呢張 報紙 係邊個㗎？
Nī-jēung bou-jí haih bīn-go ga
ニーチョォンボウチーハイピンコーカー

② 嗰架 車 係邊個㗎？
Gó-ga chē haih bīn-go ga
コーカーチェーハイピンコーカー

③ 嗰件 行李 係邊個㗎？
Gó-gihn hàhng-léih haih bīn-go ga
コーキーン はんレイ ハイピンコーカー

(参考 ①)

1 数字の数え方②

11 十一 sahp-yāt サップヤット
12 十二 sahp-yih サップイー
13 十三 sahp-sāam サップサーム
14 十四 sahp-sei サップセイ
15 十五 sahp-ńgh サップンぐ

16 十六 sahp-luhk サップロック
17 十七 sahp-chāt サップチャット
18 十八 sahp-baat サップパート
19 十九 sahp-gáu サップカウ
20 二十 yih-sahp イーサップ

21 二十一 yih-yahp-yāt イーサップヤット ／ 廿一 yah-yāt ヤーヤット
32 三十二 sāam-sahp-yih サームサップイー ／ 卅二 sā·ah-yih サーアーイー

43 四十三 sei-yahp-sāam セイサップサーム ／ 四(十)三 sei-ah-sāam セイアーサーム
54 五十四 ńgh-sahp-sei んグサップセイ ／ 五(十)四 ńgh-ah-sei んグアーセイ

65 六十五 luhk-sahp-ńgh ロックサップンぐ ／ 六(十)五 luhk-ah-ńgh ロックアーンぐ
76 七十六 chāt-sahp-luhk チャットサップロック ／ 七(十)六 chāt-ah-luhk チャットアーロック

87 八十七 baat-sahp-chāt パートサップチャット ／ 八(十)七 baat-ah-chāt パートアーチャット
98 九十八 gáu-sahp-baat カウサップパート ／ 九(十)八 gáu-ah-baat カウアーパート

100 一百 yāt-baak ヤットパック
101 一百零一 yāt-baak-lìhng-yāt ヤットパックりんヤット
110 一百一十 yāt-baak-yāt-sahp ヤットパックヤットサップ

1,000 一千 yāt-chīn ヤットチーン
10,000 一萬 yāt-maahn ヤットマーン
1億 一億 yāt-yīk ヤットイェック

2 西暦の表し方

一九九六　年 yāt-gáu-gáu-luhk nìhn ヤットカウカウロットニン

二〇〇〇　年 yih-lìhng-lìhng-lìhng nìhn イーりんりんりん　ニン

3 日づけの表し方

1月2日　一月　二號 yāt-yuht yih-houh ヤットユィットイーホウ

2月13日　二月　十三號 yih-yuht sahp-sāam-houh イーユィットサップサームホウ

4 曜日の表し方

月曜日　星期一 sīng-kèih-yāt せんケイヤット ／ 禮拜一 láih-baai-yāt ライパーイヤット

火曜日	星期二 sīng-kèih-yih せんケイイー	／	禮拜二 láih-baai-yih ライパーイイー
水曜日	星期三 sīng-kèih-sāam せんケイサーム	／	禮拜三 láih-baai-sāam ライパーイサーム
木曜日	星期四 sīng-kèih-sei せんケイセイ	／	禮拜四 láih-baai-sei ライパーイセイ
金曜日	星期五 sīng-kèih-ńgh せんケイング	／	禮拜五 láih-baai-ńgh ライパーイんぐ
土曜日	星期六 sīng-kèih-luhk せんケイロック	／	禮拜六 láih-baai-luhk ライパーイロック
日曜日	星期日 sīng-kèih-yaht せんケイヤット	／	禮拜日 láih-baai-yaht ライパーイヤット

5 時間の表し方

9：00　九點　正　（「正」はぴったりやちょうどの意）
　　　gáu-dím　jing
　　　カウティムチェん

9：05　九點　零　五分　　　または　九點　①一（個字）
　　　gáu-dím　lìhng　ńgh-fān　　　　　gáu-dím　yāt (-go-jih)
　　　カウティムりんぐングファン　　　カウティム　ヤット（コーチー）

9：15　九點　十五分　　　　または　九點　②一個骨
　　　gáu-dím　sahp-ńgh-fān　　　　　　gáu-dím　yāt-go-gwāt
　　　カウティムサップングファン　　　カウティム　ヤットコークワット

9：30　九點　三十分　　　　または　九點　半
　　　gáu-dím　sāam-sahp-fān　　　　　gáu-dím　bun
　　　カウティムサームサップファン　　カウティムプーン

9：45　九點　四十五分　　　または　九點　三個骨
　　　gáu-dím　sei-sahp-ńgh-fān　　　　gáu-dím　sāam-go-gwāt
　　　カウティムセイサップングファン　カウティムサームコークワット

9：57　九點　五十七分　　　または
　　　gáu-dím　ńgh-sahp-chāt-fān
　　　カウティムんぐサップチャットファン

　　　九點　十一個字　　　③過啲
　　　gáu-dím　yahp-yāt-go-jih　　gwo dī
　　　カウティムサップヤットコーチー　クウォーティー

① 一（個字）＝ 5 分間　　　② 一個骨＝15分間
③ 過啲＝少しすぎ

(参考 ………………………………………… ②)

○旅行日程表

月	日	曜日	時間	観光予定地
11	9	木	午後8：00	ビクトリアパーク
11	10	金	午前10：00	レパルスベイ
			正午12：00	ジャンボ海上レストラン
			午後2：00	黄大仙
			午後4：00	デューティフリーショップ
11	11	土		自由行動
11	12	日	午前10：00	啟徳空港

○香港の主な市街地、観光地

①海洋公園　　　　　②タイガーバームガーデン③スタンレー

④スターフェリー埠頭⑤九龍　　　　⑥新界　　　⑦ネイザンロード

⑧チムサーチョイ　　⑨ヤウ・マ・ディ⑩モンコク　⑪セントラル

⑫ワンチャイ　　　　⑬コーズウェーベイ⑭ノスポイト⑮アバディーン

月 yuht ユイット	日 yaht ヤット	星期 sīng kèih せんケイ	時間 sih-gaan シーカーン	遊覽地點 yàuh-láahm deih-dím ヤウラームテイティム
十一 sahp-yāt サップヤット	九 gáu カウ	四 sei セイ	下午八點 hah-ńgh baat-dím ハーングパーットティム	扯旗山　　　山頂 Ché-kèih-sāan　／　Sāan-déng チェケイサーン　　サーンテーん
十一 sahp-yāt サップヤット	十 sahp サップ	五 ńgh んグ	上午十點 seuhng-ńgh sahp-dím ショオんグサップティム	淺水灣 Chín-séui-wāan チンソョイワーン
			中午十二點 jūng-ńgh sahp-yih-dím チョんグサップイーティム	珍寶海鮮艇 Jān-bóu hói-sīn-téhng チャンボウホーイシナテーん
			下午兩點 hah-ńgh léuhng-dím ハーングリョオンティム	黄大仙 Wòhng-daaih-sīn ウォーんターイシン
			下午四點 hah-ńgh sei-dím ハーングセイティム	免税店 míhn-seui-dim ミンソョイティム
十一 sahp-yāt サップヤット	十一 sahp-yāt サップヤット	六 luhk ロック		自由活動 jih-yàuh-wuht-duhng チーヤウウットトん
十一 sahp-yāt サップヤット	十二 sahp-yih サップイー	日 yaht ヤット	上午十點 seuhng-ńgh sahp-dím ショオんグサップティム	啟德機場 Kái-dāk gēi-chèuhng カイタックケイチョオん

① 海洋公園　　　② 虎豹別墅　　　③ 赤柱
　　Hói-yèuhng-gūng-yún　　　Fú-paau-biht-seuih　　　Chek-chyúh
　　ホーイヨォんコんユィン　　フーパーウピットソョイ　　チェックチュイ

④ 天星碼頭　　　⑤ 九龍　　　⑥ 新界　　　⑦ 彌敦道
　　Tīn-sīng-máh tàuh　　Gáu-lùhng　　Sān-gaai　　Nèih-dēun-douh
　　ティんセんマータウ　　カウロん　　サンカーイ　　ネイトォんトウ

⑧ 尖沙咀　　　⑨ 油麻地　　⑩ 旺角　　⑪ 中環
　　Jīm-sā-jéui　　Yàuh-màh-déi　　Wohng-gok　　Jūng-wàahn
　　チムサーチョイ　　ヤウマーテイ　　ウォーんコーック　　チョんワーん

⑫ 灣仔　　⑬ 銅鑼灣　　⑭ 北角　　⑮ 香港仔
　　Wāan-jái　　Tùhng-lòh-wāan　　Bāk-gok　　Hēung-góng-jái
　　ワーンチャイ　　トんローワーん　　パットコーック　　ヘョオんコーンチャイ

6 送迎バスでの会話
今は何時ですか？

A：**今**は何時ですか？

B：五時半です。

A：何時に**発車します**か？

B：五時四十五分です。

A：何時に**ホテル**に着きますか？

B：六時**前後**に着きます。

A：私たちは**いつ**ビクトリアピークに行きますか？

B：今晩行きます。

而家幾點呀？

CD-15

A: 而家（係）幾點 呀？
　　Yih-gā (haih) géi-dím a
　　イーカー（ハイ）ケイティムアー

B: 五點 半。
　　Ńgh-dím bun
　　んグティムプーン

A: 幾點 開車 呀？
　　Géi-dím hōi chē a
　　ケイティムホーイチェーアー

B: 五點 九。
　　Ńgh-dím gáu
　　んグティムカウ

A: 幾點 到 酒店 呀？
　　Géi-dím dou jáu-dim a
　　ケイティムトウチャウティムアー

B: 六點 左右 到。
　　Luhk-dím jó-yáu dou
　　ロックティムチョーヤウトウ

A: 我哋 幾時 去 山頂 呀？
　　Ngóh-deih géi-sìh heui sāan-déng a
　　んゴーテイケイシーホォイサーンテーんアー

B: 今晚 去。
　　Gām-máahn heui
　　カムマーン ホォイ

メモ

「**係**」の省略

「而家（係）五點。」（今は5時です。）、「今日係五號。」（今日は5日です。）のように時間、日づけ、曜日などを述べるときは「係」はよく省略されます。また年齢、気候についても同じです。

67

応用練習

1 ～は何月何日ですか？
① a： 今日は何月何日ですか？

b： 今日は6月3日です。

② a： あしたは何月何日ですか？

b： あしたは6月4日です。

2 ～は何曜日ですか？
① a： きのうは何曜日ですか？

b： きのうは日曜日です。

② a： おとといは何曜日ですか？

b： おとといは土曜日です。

3 何時に～しますか？
① a： 何時に起きますか？　b：6時です（に起きます。）

② a： 何時に寝ますか？　　b：10時です（に寝ます。）

4 あなたはいつ～しますか？
① a： あなたはいつ出発しますか？　　b：あさってです。

② a： あなたはいつ日本へ帰りますか？　b：来年です。

1 ～（係）幾月幾號呀？

① a： 今日（係） 幾月 幾號呀？
Gām-yaht (haih) géi-yuht géi-houh a
カムヤット（ハイ）ケイユィットケイホウアー

b： 今日（係） 六月 三號。
Gām-yaht (haih) luhk-yuht sāam-houh
カムヤット（ハイ）ロックユィットサームホウ

② a： 聽日（係） 幾月 幾號呀？
Tīng-yaht (haih) géi-yuht géi-houh a
テンヤット（ハイ）ケイユィットケイホウアー

b： 聽日（係） 六月 四號。
Tīng-yaht (haih) luhk-yuht sei-houh
テンヤット（ハイ）ロックユィットセイホウ

2 ～（係）星期幾／禮拜幾呀？

① a： 噚日 ／ 噙日（係）星期幾呀？
Chàhm-yaht / kàhm-yaht (haih) sīng-kàih-géi a
チャムヤット／カムヤット（ハイ）センケイケイアー

b： 噚日（係）星期日。
Chàhm-yaht (haih) sīng-kèih-yaht
チャムヤット（ハイ）センケイヤット

② a： 前日（係）禮拜幾呀？
Chìhn-yaht (haih) láih-baai-géi a
チンヤット（ハイ）ライパーイケイアー

b： 前日（係）禮拜六。
Chìhn-yaht (haih) làih-baai-luhk
チンヤット（ハイ）ライパーイロック

3 幾點～呀？

① a： 幾點 起身 呀？   b： 六點（起身）。
Géi-dím héi-sān a   Luhk-dím (héi-sān)
ケイティムヘイサンアー   ロックティム（ヘイサン）

② a： 幾點 瞓覺 呀？   b： 十點（瞓覺）。
Géi-dím fan-gaau a   Sahp-dím (fan-gaau)
ケイティムファンカーウアー サップティム（ファンカーウ）

4 你幾時～呀？

① a： 你幾時 起程 呀？   b： 後日。
Néih géi-sìh héi-chìhng a   Hauh-yaht
ネイケイシーヘイチェンアー   ハウヤット

② a： 你幾時 返日本 呀？ b： 出年。
Néih géi-sìh fāan Yaht-bún a   chēut-nìn
ネイケイシーファーンヤットプーンアー チョットニン

7 ホテルにて
もう少し大きいのがありますか？

A：**ツインの部屋**はありますか？

B：あります。何泊お泊まりになりますか？

A：3泊です。

　　　　　　　★　　　★　　　★

B：この部屋でよろしいですか？

A：この部屋は小さすぎますので、もっと大きいのはありませんか？

一休み

　香港は何でも安いと言われていますが、ホテルは決して安くありません。特に一流のホテルは東京並みか東京以上に高い料金です。理由は香港の地価が高いのと、ホテルのレベルが国際的にも評価されているからです。もし、割安の料金で良いホテルに泊りたければ、ツアーで行くのが、いちばん安く利用できると思います。もちろん、安いホテルもあります。よく知られている所では重慶マンションをはじめ、ＹＭＣＡなどのエコノミーな宿がありますが、クリスマスや夏休みの時期は数か月前から予約しておく必要があります。

有冇大啲㗎？

CD-17

A: 有冇　　雙人房　　呀？
　　Yáuh-móuh　sēung-yàhn-fóng　a
　　ヤウモウ　ショオンヤンフォーンアー

B: 有, 你 住　幾多晚　呀？
　　Yáuh　néih jyuh gēi-dō-máahn　a
　　ヤウ　ネイチュイケイトーマーンアー

A: 　三晚　。
　　Sāam-máahn
　　サームマーン

　　　　　　　★　　　　　★　　　　　★

B: 呢間　房　好唔好呀？
　　Nī-gāan　fóng　hóu-m̀h-hóu a
　　ニーカーンフォーン ホウムホウアー

A: 呢間　房　太細, 有冇　大　啲 㗎？
　　Nī-gāan　fóng　taai sai　yáuh-móuh daaih　dī　ga
　　ニーカーンフォーンターイサイ　ヤウモウ ターイティーカー

メモ

「啲」は、複数を表す量詞（p.53参照）のほかに、動詞や形容詞の後につけると「少し」「もっと」という意味もあります。「一啲」の「一」が省略された形です。

「住」広東語の「住」は「住む」と「泊まる」の両方の意味があります。

例　你　住　邊度　呀？あなたはどこに住んでいますか？
　　　Néih jyuh bīn-douh　a

　　　你　住　邊間　酒店 呀？あなたはどのホテルに泊まりますか？
　　　Néih jyuh bīn-gāan jáu-dim

応用練習

1 いろいろな形容詞
①広東語は難しいですか？

②香港はきれいですか？

③李さんは背が高いですか？

④東京のものは高いですか？

2 いろいろな副詞（〜すぎる、とても、かなり／結構）
①広東語は難しすぎます。

②香港はとてもきれいです。

③李さんはかなり背が高いです。

④東京のものは結構高いです。

3 それほど〜ない
①広東語はそれほど難しくないです。

②香港はそれほどきれいではないです。

4 少し／もっと〜のがありますか？
①もっと安いのがありますか？　②少しいいのがありますか？
③もっと長いのがありますか？　④少し短いのがありますか？

1

① 廣東話　難唔難　呀？
Gwóng-dūng-wá nàahn-m̀h-nàahn a
クウォーントンワー ナーンムナーン アー

② 香港　靚唔靚　呀？
Hēung-góng leng-m̀h-leng a
ヘョンコーンレーンムレーンアー

③ 李生　高唔高呀？
Léih-sāang gōu-m̀h-gōu a
レイサーン コウムコウアー

④ 東京嘅嘢　貴唔貴　呀？
Dūng-gīng ge yéh gwai-m̀h-gwai a
トンケン ケーイェークワイムクワイアー

2 太、好、幾

① 廣東話　太　難。
Gwóng-dūng-wá taai nàahn
クウォーントンワーターイナーン

② 香港　好　靚。
Hēung-góng hóu leng
ヘョンコーンホウレーン

③ 李生　幾　高。
Léih-sāang géi gōu
レイサーンケイコウ

④ 東京　嘅　嘢　幾　貴。
Dūng-gīng ge yéh géi gwai
トンケン ケーイェーケイクワイ

3 唔係好〜。／唔係幾〜。

① 廣東話　唔係好　難。
Gwóng-dūng-wá m̀h-haih hóu nàahn
クウォーントンワームハイ ホウナーン

② 香港　唔係幾　靚。
Hēung-góng m̀h-haih géi leng
ヘョンコーン ムハイ ケイレーン

4 有冇〜啲㗎？

① 有冇　平　啲　㗎？
Yáuh-móuh pèhng dī ga
ヤウモウ ペーンティーカー

② 有冇　好　啲　㗎？
Yáuh-móuh hóu dī ga
ヤウモウ ホウティーカー

③ 有冇　長　啲　㗎？
Yáuh-móuh chèuhng dī ga
ヤウモウ チョオンティーカー

④ 有冇　短　啲　㗎？
Yáuh-móuh déun dī ga
ヤウモウ テュィンティーカー

(参考 ③)
○ホテルの部屋の配置

鏡 （鏡）
geng
ケン

洗手盤 （洗面所）
sái-sáu-pùhn
サイサウプーン

厠所 （トイレ）
chī só
チーソー

花灑 （シャワー）
fā sá
ファーサー

浴缸 （浴糟）
yuhk-gōng
ヨックコーン

床 （ベッド）
chòhng
チョーン

電話 （電話）
dihn-wá
ティンワー

梳化 （ソファー）
sō-fá
ソーファー

窗 （まど）
chēung
チョオン

門 （ドア）
mùhn
ムーン

衣櫃 （洋服ダンス）
yīg-waih
イークワイ

枱燈 （スタンドランプ）
tói-dāng
トイダん

椅 （いす）
yí
イー

書枱 （机）
syū-tói
シュィトイ

電視 （テレビ）
dihn-sih
ティンシー

暖水壺 （魔法瓶）
nyúhn-séui-wú
ニュィンソョイウー

茶葉 （お茶）
chàh-yihp
チャーイップ

窗簾 （カーテン）
chēung-līm
チョオんリーム

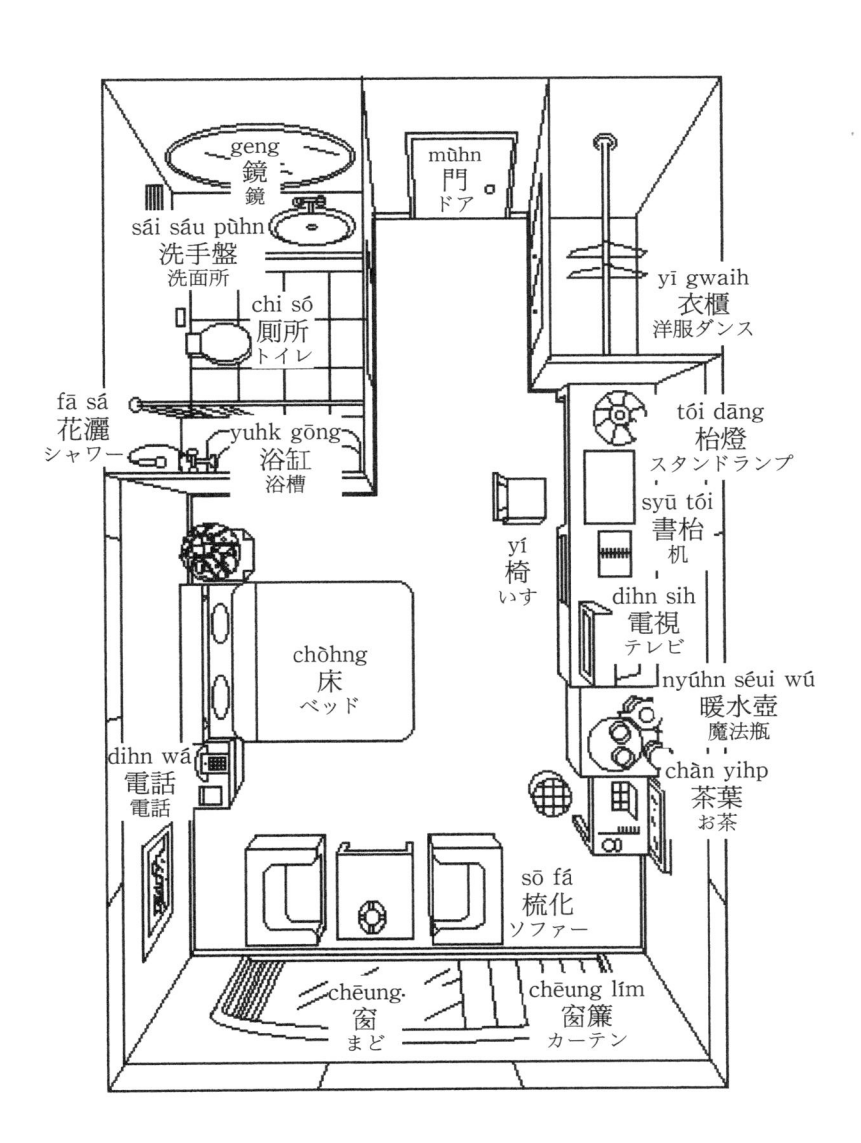

- geng 鏡 鏡
- mùhn 門 ドア
- sái sáu pùhn 洗手盤 洗面所
- chi só 廁所 トイレ
- yī gwaih 衣櫃 洋服ダンス
- fā sá 花灑 シャワー
- yuhk gōng 浴缸 浴槽
- tói dāng 枱燈 スタンドランプ
- syū tói 書枱 机
- dihn sih 電視 テレビ
- yí 椅 いす
- chòhng 床 ベッド
- nyúhn séui wú 暖水壺 魔法瓶
- chàh yihp 茶葉 お茶
- dihn wá 電話 電話
- sō fá 梳化 ソファー
- chēung 窗 まど
- chēung lím 窗簾 カーテン

応用練習　ホテルでの会話

1 〜が故障です。
①電話が故障です。　　　　　　　②テレビが故障です。

③冷房が故障です。　　　　　　　④トイレが故障です。

⑤電気が故障です。　　　　　　　⑥かぎがかかりません。

2 〜が出ない。
①お湯が出ない。　　　　　　　　②水が出ない。

3 〜何時から／までですか？
①チェックインは何時からですか？

②チェックアウトは何時までですか？

③売店は何時からですか？

④バーは何時までですか？

4 〜を持ってきてください。
①布団を（1枚）持ってきてください。

②タオルを（1枚）持ってきてください。

③歯ブラシを（1本）持ってきてください。

CD-19

1 ～壞咗。

① 電話 壞咗。
Dihn-wá waaih jó
ティンワーワーイチョー

② 電視 壞咗。
Dihn-sih waaih jó
ティンシーワーイチョー

③ 冷氣 壞咗。
Láahng-hei waaih jó
ラーンヘイワーイチョー

④ 厠所 壞咗。
Chi-só waaih jó
チーソーワーイチョー

⑤ 盞燈 壞咗。
Jáan dāng waaih jó
チャーンダンワーイチョー

⑥ 把鎖 壞咗。
Bá só waaih jó
パーソーワーイチョー

＊⑤の「盞」と⑥の「把」は量詞です。

2 冇～。

① 冇 熱水 。
Móuh yiht-séui
モウ イーットソョイ

② 冇 水 。
Móuh séui
モウ ソョイ

3 幾點～。

① 幾點 開始 check-in 呀？
Géi-dím hōi-chí　　　　　a
ケイティムホーイチー　　　アー

② 幾點 之前 要 check out 呀？
Géi-dím jī-chìhn yiu　　　　a
ケイティムチーチーンイウ　　　アー

③ 舖頭 幾點 開門 呀？
Pou-táu géi-dím hōi-mùhn a
ポウタウケイティムホーイムーンアー

④ 酒吧 幾點 閂門 呀？
Jáu-bā géi-dím sāan-mùhn a
チャウパーケイティムサーンムーンアー

4 唔該你攞～嚟吖

① 唔該你攞（一） 張 被嚟吖。
Mh-gōi néih ló (yāt) jēung péih làih ā
ムコーイネイロー(ヤット)チョオンペイライアー

② 唔該你攞（一） 條 毛巾 嚟吖。
Mh-gōi néih ló (yāt) tìuh mòuh-gān làih ā
ムコーイネイロー(ヤット)ティウ モウカン ライアー

③ 唔該你攞（一）枝 牙刷 嚟吖。
Mh-gōi néih ló (yāt) jī ngàh-cháat làih ā
ムコーイネイロー(ヤット)チーんガーチャーライアー

＊①の張、②の條、③の枝は量詞です。

8 フロントにて
レストランはどこですか？

A：お尋ねしたいのですが、レストランはどこですか？

B：1階にあります。

A：ホテルの中に美容院がありますか？

B：あります。

A：どこにありますか？

B：あそこにあります。

メモ
●場所を示す指示代名詞

ここ	そこ あそこ	どこ
呢度・呢噱 Nī douh　Nī syu	嗰度・嗰噱 Gó douh　Gó syu	邊度・邊噱 Bīn douh　Bīn syu

メモ

「酒店裏面」（ホテルの中）「枱上面」（テーブルの上）というように方角や、位置を示す「裏面」や「上面」などが前の名詞と結ぶときには「嘅」は要りません。

餐廳喺邊度呀?

CD-20

A: 請問 餐廳 喺邊度呀?
　　Chéng-mahn chāan-tēng hái bīn-douh a
　　チェーン マンチャーンテーンハイ ピントウ ア
B: 喺一樓。
　　Hái yāt-láu
　　ハイ ヤットラウ
A: 酒店 裏面 有冇 美容院 呀?
　　Jáu-dim léuih-mihn yáuh-móuh méih-yùhng-yún a
　　チャウティムロョイミン ヤウ モウ メイ ヨンユィン　ア
B: 有。
　　Yáuh
　　ヤウ
A: 喺 邊度呀?
　　Hái bīn-douh a
　　ハイ ピン トウ ア
B: 喺 嗰度。
　　Hái gó-douh
　　ハイ コートウ

メモ

「喺」と「有」について

　動詞としての「喺」は「有」と同じ「いる」「ある」という意味ですが、使い方は違います。

「喺」＝人・もの＋喺＋その場所

例 佢 喺 嗰度。(彼はそこにいる。)

「有」＝その場所＋有＋人・もの

例 房 裏面 有 電話。(部屋の中に電話がある。)

応用練習

1 方角や位置を示すもの
①こちら　　　　②あちら　　　　③向かい

④上　　　　　　⑤下　　　　　　⑥となり

⑦前　　　　　　⑧後ろ　　　　　⑨中

⑩外側　　　　　⑪左側　　　　　⑫右側

2 〜はどこ｛ですか？／にいますか？／にありますか？
①彼女はどこにいますか？　　②税関はどこですか？

③病院はどこにありますか？　④警察署はどこですか？

3 〜は〜にいる／ある。
①彼女は会社にいます。　　②税関は前にあります。

③病院は向かいにあります。

4 〜に〜がいますか？／ありますか？
①部屋の中に人がいますか？

②この近くに銀行がありますか？

③この近くに薬局がありますか？

1

① 呢便
ni-bihn
ニービン

② 嗰便
gó-bihn
コービン

③ 對面
deui-mihn
トョイミン

④ 上便 ／ 上面
séuhng-bihn　séuhng-mihn
ショオンピン　ショオンミン

⑤ 下便 ／ 下面
hah-bihn　hah-mihn
ハーピン　ハーミン

⑥ 隔離
gaak-lèih
カートレイ

⑦ 前便 ／ 前面
chìhn-bihn　chìhn-mihn
チンピン　チンミン

⑧ 後便 ／ 後面
hauh-bihn　hauh-mihn
ハウビン　ハウミン

⑨ 裏面 ／ 入便
léuih-mihn　yahp-bihn
ロョイミン　ヤッブピン

⑩ 外便 ／ 外面
ngoih-bihn　ngoih-mihn
んゴイビン ／ んゴイミン

⑪ 左便
jó-bihn
チョービン

⑫ 右便
yauh-bihn
ヤウビン

2　～喺邊度呀？

① 佢 喺 邊度 呀？
Kéuih hái bīn-douh a
コョイハイビントウアー

② 海關 喺 邊度 呀？
Hói-gwāan hái bīn-douh a
ホイクワーンハイビントウアー

③ 醫院 喺 邊度 呀？
Yī-yún hái bīn-douh a
イーユィンハイビントウアー

④ 警局 喺 邊度 呀？
Gíng-gúk hái bīn-douh a
ケンコックハイビントウアー

3　～喺～

① 佢 喺 公司。
Kéuih hái gūng-sī
コョイハイコンシー

② 海關 喺 前便。
Hói-gwāan hái chìhn-bihn
ホイクワーンハイ チンピン

③ 醫院 喺 對面。
Yī-yún hái deui-mihn
イーユィンハイトョイミン

4　～有冇～呀？

① 房 裏面 有冇 人 呀？
Fóng léuih-mihn yáuh-móuh yàhn a
フォンロョイミン　ヤウモウ　ヤンアー

② 呢度 附近 有冇 銀行 呀？
Nī-douh fuh-gahn yáuh-móuh ngàhn-hòhng a
ニートウフーカン　ヤウモウ　んガンホーン　アー

③ 呢度 附近 有冇 藥房 呀？
Nī-douh fuh-gahn yáuh-móuh yeuhk-fòhng a
ニートウフーカン　ヤウモウ　ヨォンフォーンアー

5 お尋ね／お伺いしたいのですが～／失礼ですが。

①お尋ねしたいのですが、ここはどこですか？

②お伺いしたいのですが、今何時ですか？

③失礼ですが、どちら様ですか？

5 請問～。

① 請問 呢度 係 邊度 呀？
Chéng-mann nī-douh haih bīn-douh a
チェーンマンニートウハイ ビントウアー

② 請問 而家 幾點 呀？
Chéng-mahn yīh-gā géi-dím a
チェーンマンイーカーケイティムアー

③ 請問 你 係 邊位 呀？
Chéng-mahn néih haih bīn-wái a
チェーンマン ネイ ハイビンワイアー

ホテルのロビーにて
⑨ どこで朝食を食べますか？

A：あなたたちはどこで**朝食**を食べますか？

B：ホテルで食べます。あなたがたは？

A：私たちは飲茶をしに行きます。

B：ここから（行くの）は遠いですか？

A：そんなに遠くありません。

B：どうやって行きますか？

A：**タクシー**に乗って行きます。

●休み
　広東語には「食得係福、着得係禄」という言葉があります。つまり（たくさん）食べられることと着られること（服をたくさん持っている）は幸福だという意味です。「香港の人っていつも食べているね。」という人はこれで少し理解できるでしょうか。

喺邊度食早餐呀？

CD-22

A：你哋 喺邊度 食　早餐　呀？
　　Néih-deih hái bīn-douh sihk　jóu-chāan　a
　　ネイテイ ハイピントウセックチョウチャーンアー

B：喺　酒店　　食，你哋 呢？
　　Hái　jáu-dim　sihk　néih-deih nē
　　ハイチャウティムセック　ネイテイネー

A：我哋　去 飲 茶。
　　Ngóh-deih heui yám chàh
　　ンゴーテイホイヤムチャー

B：喺呢度 去，　遠唔遠　呀？
　　Hái ní-douh heui　yúhn-m̀h-yúhn　a
　　ハイニートウホョイ　ユィンムュィンアー

A：唔係幾 遠　啫。
　　M̀h-haih géi yúhn　jē
　　ム ハイケイュィンチェー

B：　點樣　去 呀？
　　Dím yéung heui a
　　ティムヨォんホョイアー

A：坐　的士　去。
　　Chóh　dīk-sí　heui
　　チョーテックシーホョイ

メモ

喺は8課の「いる／ある」という意味以外は「どこで～する」の「で」と「どこからどこへ」の「から」の意味としても使われます。

メモ

點樣は「どう／どんな／どのように／どうやって」といった意味があります。點樣の「樣」は省略することができます。

応用練習

1 場所で〜する。
　①家で食べます。

　②学校で広東語を学びます。

　③デパートで買物をします。

　④会社で電話をします。

2 場所で〜しない。
　①免税店で買いません。

　②屋台で食べません。

　③ホテルで両替しません。

3 場所①から（場所②）｛に来る。／に行く。

　①香港から来ます。

　②アメリカからイギリスへ行きます。

　③フランスから日本へ来ます。

1 喺＋場所＋動詞（＋目的語）

①喺 屋企 食。
　Hái ngūk-kéi sihk
　ハイんゴックケイセック

②喺 學校 學 廣東話 。
　Hái hohk-haauh hohk Gwóng-dūng-wá
　ハイホーックハーウホーッククウォーんトんワー

③喺 百貨公司 買 嘢 。
　Hái baak-fo-gūng-sī máaih yéh
　ハイバーックフォーこんシーマーイイェー

④喺 公司 打 電話 。
　Hái gūng-sī dá dihn-wá
　ハイこんシーターティんワー

2 唔喺＋場所＋動詞（＋目的語）

①唔喺 免稅店 買 。
　M̀h-hái míhn-seui-dim máaih
　ムハイ ミんソォイティムマーイ

②唔喺 大牌檔 食 。
　M̀h-hái daaih-pàaih-dong sihk
　ムハイ ターイパーイトんセック

③唔喺 酒店 換錢 。
　M̀h-hái jáu-dim wuhn-chín
　ムハイ チャウティムウーんチん

3 喺＋場所①｛嚟／去｝（＋場所②）

①喺 香港 嚟。
　Hái Hēung-góng làih
　ハイヘョオんコーんライ

②喺 美國 去 英國 。
　Hái Méih-gwok heui Yīng-gwok
　ハイメイクウォーックホョイイェんクウォーック

③喺 法國 嚟 日本 。
　Hái Faat-gwok làih Yaht-bún
　ハイファーットクウォーックライヤットブーン

4 ～をしに～する。／～をして～する。
①彼は映画を見に行きます。

②私は買物をしに香港に行きます。

③私はホテルに戻って寝ます。

5 私は～ ｛に乗って｝ 来る。
　　　　｛で　　｝ 行く。
①私はバスで来ます。　　　　　②私は地下鉄で行きます。

③私は船で来ます。　　　　　　④私は飛行機で行きます。

6 どう／どんな／どのように／どうやって
①どうですか？　　　　　　　②どんな人ですか？

③どのようにやりますか？　　④どうやって書きますか？

⑤いくらですか？（「どのように売りますか」から）

4 連動文（後ろの動作が前の動作の目的を説明）

① 佢 去 睇戲。
Kéuih heui tái hei
コョイホョイタイヘイ

② 我 去 香 港 買 嘢。
Ngóh heui Hēung-góng máaih yéh
んゴーホョイヘョオンコーンマーイイェー

③ 我 返 酒店 瞓覺。
Ngóh fāan jáu-dim fan-gaau
んゴーファーンチャウティムファンカーウ

5 我坐／搭～ { 嚟 / 去 }

① 我 坐 巴士 嚟。
Ngóh chóh bā-sí làih
んゴーチョーパーシーライ

② 我 搭 地鐵 去。
Ngóh daap deih-tit heui
んゴーターップテイティートッホョイ

③ 我 坐 船 嚟。
Ngóh chóh syùhn làih
んゴーチョーシュィンライ

④ 我 搭 飛機 去。
Ngóh daap fēi-gēi heui
んゴーターップフェイケイホョイ

6 點（樣）～

① 點（樣）呀？
dím (yéung) a
ティム（ヨん）アー

② 點（樣）嘅人呀？
dím (yéung) ge yàhn a
ティム（ヨん）ケーヤンアー

③ 點（樣）做呀？
dím (yéung) jouh a
ティム（ヨん）チョウアー

④ 點（樣）寫呀？
dím (yéung) sé a
ティム（ヨん）セーアー

⑤ 點（樣）賣呀？
dím (yéung) maaih a
ティム（ヨん）マーイアー

10 飲茶の店での会話①
予約してありますか？

A：おはようございます。お客様、ご予約はありますか？

B：あります。林という名前で予約したんです。

A：3名様でご予約をしていらっしゃいますね？

B：そうです。あと1人**まだ来ていません。**

A：お2人様こちらへどうぞ。

B：どうも。

A：お茶は何になさいますか？

B：菊入りのプーアル茶をください。

メモ

「A（係）B 嘅」は「AはBなのです。」というように主語のAについてBでその分類や所属などを説明するときに使われます。（参照 P.94）疑問文のときは文末の「嘅」は「㗎？」になります。そして、肯定文と疑問文は「係」を省略することができます。なお、説明部分のBは名詞である場合は「～係～嚟嘅」の形をとらなければなりません。

有冇訂位呀？

CD-24

A: 早晨， 先生 有冇訂 位呀？
Jóuh-sàhn sīn-sāang yáuh-móuh dehng wái a
チョウサン シンサーン ヤウモウテーン ワイアー

B: 有， 係 姓 林 訂 嘅。
Yauh haih sing Làhm dehng ge
ヤウ ハイせん ラム テーンケー

A: 訂 咗 三 位， 係唔係 呀？
dehng jó sāam wái haih-m̀h-haih a
テーンチョー サームワイ ハイムハイアー

B: 係呀。 重 有 一 個 (人) 未嚟。
Haih a juhng yáuh yāt go (yàhn) meih làih
ハイアー チョンヤウヤットコー（ヤン）メイライ

A: 兩 位 請 呢便 吖。
Léuhng-wái chéng nī-bihn ā
リョンワイチェーンニービンアー

B: 唔該。
M̀h-gōi
ムコーイ

A: 飲 乜嘢 茶 呀？
Yám māt-yéh chàh a
ヤムマットイェーチャーアー

B: 菊普 吖， 唔該。
Gūk-póu ā m̀h-gōi
コックポウアー ムコーイ

メモ ··

①「有冇＋動詞」は文脈によって「～をしてありますか？／～をしていますか？／～をしましたか？」という意味で、その事実の有無を表します。

②「動詞＋咗」は「～した。」という意味で動作の完了や実現を表すものです。それは過去のことだけではなく「～してから～。」、「～したら」など未来のことにも使われます。また「形容詞＋咗」の形は「～になった。」と状態の変化を示す意味になります。

応用練習

1 a: **〜をして** { **ありますか?** b: { **(して)あります／しました。**
　　　　　　　　いますか?　　　　**(して) ない／しなかった。**
　　　　　　　　しましたか?

①a: ホテルを予約してありますか?　b: あります。

②a: 最近旅行へ行きましたか?　　　b: 行っていません。

③a: きのう出勤しましたか?　　　　b: していません。

2 a: **(〜を) 〜しましたか?**　b: { **(もう) 〜しました。**
　　　　　　　　　　　　　　　　　　(まだ) 〜していません。

①a: 行きましたか?　　　　　b:(もう) 行きました。

②a: ご飯を食べましたか?　b:(まだ) 食べていません。

3 a: **〜はなのですか?**　b: **〜なのです。**

①a: 彼は何の仕事をしているのですか?

　b: 彼は教えているのです。

②a: このバスはどこへ行くのですか?

　b: このバスはセントラルへ行くのです。

1 a： 有冇**＋動詞＋（目的語）**呀？　b：{ 有**（動詞）**。
　　　　　　　　　　　　　　　　　　　　　 冇**（動詞）**。

① a： 有冇　訂　酒店　呀？　　　　b： 有。
　　　 Yáuh-móuh dehng jáu-dim a　　　　　 Yáuh
　　　 ヤウモウ　テーン　チャウティム　アー　　 ヤウ

② a： 最近　有冇　去　旅行　呀？　b： 冇（去）。
　　　 Jeui-gahn yáuh-móuh heui léuih-hàhng a　 Móuh (heui)
　　　 チョイカン　ヤウモウ　ホョイ　ロョイハン　アー　 モウ（ホョイ）

③ a： 噚日　有冇　返工呀？　　　　b： 冇。
　　　 Chàhm-yaht yáuh-móuh fāan gūng a　　　 Móuh
　　　 チャムヤット　ヤウモウ　ファンコン　アー　　 モウ

2 動詞＋咗（～）未呀{ **動詞＋咗（嘞）**。
　　　　　　　　　　　　（重）未**（動詞）**。

① a： 去　咗　未呀？　　　　　　　b： 去　咗　（嘞）。
　　　 Heui jó meih a　　　　　　　　　 Heui jó (laak)
　　　 ホョイ チョー メイ アー　　　　　　　 ホョイチョー（ラーック）

② a： 食　咗　飯　未呀？　　　　　b： （重）未（食）。
　　　 Sihk jó faahn meih a　　　　　　　 (Juhng) meih (sihk)
　　　 セック チョー ファーン メイ アー　　　　（チョん）メイ（セック）

3 説明文

① a： 佢（係）做　セ嘢　㗎？
　　　 Kéuih (haih) jouh māt-yéh ga
　　　 コョイ（ハイ）チョウ マット イェー カー

　 b： 佢（係）教　書　嘅。
　　　 Kéuih (haih) gaau syū ge
　　　 コョイ（ハイ）カーウ シュィ ケー

② a： 呢架 巴士（係）去　邊度 㗎？
　　　 Nī-ga bā-sí (haih) heui bīn-douh ga
　　　 ニーカー パーシー（ハイ）ホョイ ピントウ カー

　 b： 呢架 巴士（係）去　中環　嘅。
　　　 Nī-ga bā-sí (haih) heui jūng-wàahn ge
　　　 ニーカー パーシー（ハイ）ホョイ チョん ワーン ケー

93

11 どこから来たのですか？

飲茶の店での会話②

A：すみません、遅くなりました。長く待ったでしょう？

B：大丈夫です。お茶をどうぞ。

A：ありがとう。あなたがたはどこから来たのですか？

B：私たちはホテルから来ました。

A：どうやって来たのですか？

B：タクシーで来ました。

A：ホテルからここまで、どのぐらいの時間がかかりますか？

B：15分ぐらいです。

一休み

「對唔住」は相手に悪いことをしたり、失礼なことをしたりしたときに「ごめんなさい。」という意味で使います。それに対応して「大丈夫。」、「かまいせん。」という意味で「唔緊要」を使います。もちろん、足をハイヒールで思いっきり踏まれて、「對唔住。」と言われたときに、無理に「唔緊要。」という必要はないと思いますが。

喺邊度嚟㗎?

A: 對唔住, 我遲咗, 等咗好耐吖?
　　Deui-m̀h-jyuh　ngóh chìh jó　dáng jó hóu noih àh
　　トョイムチュィ　んゴーチーチョー　タンチョーホウ ノイアー

B: 唔緊要, 請 飲 茶 啦!
　　M̀h-gán-yiu　chéng yám chàh lā
　　ムカンイウ　チェーンヤムチャーラー

A: 唔該, 你哋喺邊度嚟㗎?
　　M̀h-gōi　néih-deih hái bīn-douh làih ga
　　ムコーイ　ネイテイハイピントウライカー

B: 我哋喺 酒店 嚟嘅。
　　Ngóh-deih hái　jáu-dim　làih ge
　　んゴーテイハイチャウティムライケー

A: 點樣 嚟㗎?
　　Dím-yéung làih ga
　　ティムヨォンライカー

B: 坐 的士 嚟嘅。
　　Chóh　dīk-sī　làih ge
　　チョーテックシーライケー

A: 由 酒店 到呢度要幾耐呀?
　　Yàuh　jáu-dim　dou nī-douh yiu géi noih a
　　ヤウ チャウティムトウニートウイウケイノイアー

B: 十 五 分鐘 左右。
　　Sahp-ńgh　fān-jūng　jó-yáu
　　サップングファンチョんチョーヤウ

メモ

「嘅」と「咗」:すでに実現していることがらについて、それがどのように(何で／どこから／いつ／誰と／など)行われたか説明するときには動詞の後に「咗」をつけるのではなく、文末に「嘅」が用いられます。疑問文は「㗎?(嘅+呀?)」になります。

応用練習

1 ～してどのぐらい（の時間）になりますか？／どのぐらい～しましたか？

① a： どのぐらい待ちましたか？

　b： 1時間（待ちました）。

② a： どのぐらい休みましたか？

　b： 10日間休みました。

③ a： 日本に来て、どのぐらいになりますか？

　b： 日本に来て2週間になります。

④ a： 仕事をして、どのぐらいになりますか？

　b： 仕事をして、5カ月になります。

2 説明文

① a： 何で（何に乗って）来たのですか？

　b： 歩いて来ました。

② a： どこから来たのですか？

　b： 家から来ました。

③ a： いつ行ったのですか？

1 動詞＋咗（＋目的語）＋幾耐呀？

① a： 等 咗 幾耐呀？
　　　 Dáng jó géi noih a
　　　 タン チョーケイノイアー

　 b： (等咗) 一個 鐘頭。
　　　 (Dáng jó)　yāt-go　jūng-tàuh
　　　 (タンチョー)ヤットコーチョンタウ

② a： 休息 咗 幾耐呀？
　　　 Yāu-sik　jó　géi noih a
　　　 ヤウセックチョーケイノイアー

　 b： (休息咗) 十日 。
　　　 (Yāu-sik jó)　sahp-yaht
　　　 (ヤウセックチョー)サップヤット

③ a： 嚟 咗 日本 幾耐呀？
　　　 Làih jó　yaht-bún　géi noih a
　　　 ライチョーヤットプーンケイノイアー

　 b： (嚟咗日本) 兩個 星期。
　　　 (Làih jó Yaht-bún)　léuhng-go　sīng-kèih
　　　 (ライチョーヤットプーン)リョオンコーせンケイ

④ a： 做 咗 嘢 幾耐呀？
　　　 Jouh　jó　yéh géi noih a
　　　 チョウチョーイェーケイノイアー

　 b： (做咗嘢) 五個 月 。
　　　 (Jouh jó yéh)　ngh-go　yuht
　　　 (チョウチョーイェー)んグコーユイット

2 説明文

① a： 坐 乜嘢 車嚟㗎？
　　　 Chóh　māt-yéh　chē　làih ga
　　　 チョーマットイェーチェーライカー

　 b： 行 路嚟嘅。
　　　 Hàahng louh làih ge
　　　 ハーん ロウライケー

② a： 喺邊度嚟㗎？
　　　 Hái bin-douh làih ga
　　　 ハイビントウライカー

　 b： 喺 屋 企嚟嘅。
　　　 Hái　ngūk　kéi làih ge
　　　 ハインゴックケイライケー

③ a： 幾時 去㗎？
　　　 Géi-sìh　heui　ga
　　　 ケイシーホョイカー

b： 3月1日に行きました。

④a： 何時に帰ったのですか？

　　　b： 2時に帰りました。

3　〜から〜まで
①香港から日本まで

②ここからホテルまで

③午前9時から、午後7時まで

4　〜になった／〜くなった。
①きれいになった。

②(値段が) 高くなった。

③太った。(太くなった。)

b： 三月　一號　去　嘅。
　　　　Sāam-yuht　yāt-houh　heui　ge
　　　　サームユイットヤットヤットホョイケー

④a： 幾點　走　㗎？
　　　Géi-dím　jáu　ga
　　　ケイティムチャウカー

　　b： 兩點　走　嘅。
　　　　Léuhng-dím　jáu　ge
　　　　リョオンティムチャウケー

3　由〜到／至〜

①由　香港　到　日本
　yàuh　Hēung-góng　dou　Yaht-bún
　ヤウ ヘョオンコーン トウヤットブーン

②由　呢度　到　酒店
　yàuh　nī-douh　dou　jáu-dim
　ヤウ ニートウ トウ チャウティム

③由　上晝　九點　至　下晝　七點
　yàuh　seuhng-jauh　gáu-dím　ji　hah-jauh　chāt-dím
　ヤウ ショオンチャウ カウティムチー ハーチャウ チャットティム

4　形容詞＋咗

①靚　咗。
　Leng　jó
　レーンチョー

②貴　咗。
　Gwai　jó
　クワーチョー

③肥　咗。
　Fèih　jó
　フェイチョー

(参考 ························ ④)
○飲茶のときのお茶と点心
1 お茶の種類

普洱 pōu-léi ポウレイ	プーアル茶（雲南省の原産で、緑茶をさらに加工したお茶）
菊普 gūk-pōu コックポウ	プーアル茶＋乾燥した菊の花
香片 hēung-pin ヘョオンピン	ジャスミン茶
龍井 lùhng-jéng ろんチェーん	緑茶
水仙 sēui-sīn ソョイシン	ウーロン茶
鐵觀音 tit-gwūn-yām ティットクーンヤム	ウーロン茶

2 点心（小皿盛りの料理やおかし）の種類

蝦餃 hā-gáau ハーカーウ	エビの蒸し餃子
燒賣 sīu-máai シウマーイ	しゅうまい
鷄扎 gāi-jaak カイチャーック	鶏肉とハムなどのゆば巻き
鳳爪 fuhng-jáau フォンチャーウ	とりの爪先の煮こみ
鮮竹卷 sīn-jūk-gyún シンチョックキュイン	豚のひき肉とたけのこのゆば巻き
叉燒包 chā-sīu-bāau チャーシウパーウ	チャーシュー入りのまんじゅう
山竹牛肉 sāan-jūk-ngāuh-yuhk サーンチョックんガウヨック	牛肉だんご
豉汁排骨 sih-jāp-pàaih-gwāt シーチャップパーイクワット	スペアリブの豆豉（浜納豆）蒸し
春卷 chēun-gyún チョンキュイン	春巻

芋角
wuh-gok
ウーコーック

里芋のコロッケ

蘿蔔糕
lòh-baahk-gōu
ローバーックコウ

大根餅

腸粉
chēung-fán
チョオンファン

米の粉でつくった薄膜をくるんだもの
（中身のあるものとないものがある）

蛋撻
dáahn-tāat
ターンタートッ

カスタード・タルト

馬拉糕
máh-lāai-gōu
マーラーイコウ

蒸しパン

西米露
sāi-máih-louh
サイマイロウ

タピオカ入りのココナッツミルク

紅豆沙
hùhng-dauh-sā
ホンタウサー

おしるこ

忙果布甸
mōng-gwó-bou-dīn
モーンクウォーボウティン

マンゴー・プリン

蓮蓉包
lìhn-yùhng-bāau
リンヨンパーウ

蓮の実のあんまん

文法 3

○助動詞を使った文

| 主 語 | 副 詞 | 助動詞 | 動 詞 | 目 的 語 | 疑問を表す語気助詞 |

① 我　　　　　　　想　　去
　Ngóh　　　　　séung　heui
　んゴー　　　　　ソョオン　ホョイ

② 佢　　　　　　　鍾意　　食　　中國菜
　Kéuih　　　　　jūng-yi　sihk　Jūng-gwok choi
　コョイ　　　　　チョンイー　セック　チョンクウォックチョーイ

③ 我　　　　　　　要　　換　　錢
　Ngóh　　　　　yiu　wuhn　chín
　んゴー　　　　　イウ　ウーン　チン

④ 你　　　　　　　要　　休息　　　　　　嗎？
　Néih　　　　　yiu　yāu-sīk　　　　　　ma
　ネイ　　　　　イウ　ヤウセック　　　　　マー

⑤ 佢　　唔　　　會　　嚟
　Kéuih　m̀h　　wúih　làih
　コョイ　ム　　ウイ　ライ

⑥ 佢　　　　　　　識　　講　　廣東話
　Kéuih　　　　　sīk　góng　Gwóng-dūng-wá
　コョイ　　　　　セック　コーん　クウォーントンワー

⑦ 我　　　　　　　可以　食　　煙　　　　嗎？
　Ngóh　　　　　hó-yíh　sihk　yin　　　　ma
　んゴー　　　　　ホーイー　セック　イーン　マー

① 私は行きたい。
② 彼は中国料理（を食べるの）が好きです。
③ 私は両替しなければなりません。
④ あなたは休みたいですか？
⑤ 彼は来ないでしょう。
⑥ 彼女は広東語が話せます。
⑦ 私はたばこを吸ってもいいですか？

　④と⑦の「嗎？」を使った疑問文形のかわりに、つぎの反復疑問文がよく使われます。

肯定＋否定 → 助動詞＋唔助動詞＋動詞（＋目的語）＋呀？

想	唔想	想唔想	～呀？	（したいですか？）
séung	m̀h-séung	séung-m̀h-séung	a	
ソョオン	ムソョオン	ソョオンムソョオン	アー	

要	唔要	要唔要	～呀？	～したいですか？
yiu	m̀h-yiu	yiu-m̀h-yiu	a	～する必要があるか？
イウ	ムイウ	イウムイウ	アー	

會	唔會	會唔會	～呀？	～する可能性があるか？
wúih	m̀h-wúih	wúih-m̀h-wúih	a	～するでしょうか？
ウイ	ムウイ	ウイムウイ	アー	～できますか？（経験や習得）

識	唔識	識唔識	～呀？	～できますか？（経験や習得）
sīk	m̀h-sīk	sīk-m̀h-sīk	a	
セック	ムセック	セックムセック	アー	

鍾意	唔鍾意	鍾唔鍾意	～呀？	（～するのが好きですか？）
jūng-yi	m̀h-jūng-yi	jūng-m̀h-jūng-yi	a	
チョンイー	ムチョンイー	チョンムチョンイー	アー	

可以	唔可以	可唔可以	～呀？	～してもいいですか？
hó-yíh	m̀h-hó-yíh	hó-m̀h-hó-yíh	a	～してもさしつかえないですか？
ホーイー	ムホーイー	ホームホーイー	アー	～できますか？（条件、能力）

以上挙げた助動詞のうち、「會」と「可以」を除いて動詞としても使います。

飲茶のときの会話
12 何を食べたいですか？

A：あなたは何の点心が好きですか？

B：私は鳳爪（とりの爪先の煮こみ）と牛肉焼賣（牛肉しゅうまい）が食べたいです。

★　　　★　　　★

A：(注文) 鳳爪２せいろと牛柏葉（牛の胃の蒸したもの）を１せいろください。

B：これは何ですか？

A：これは牛の胃です。

★　　　★　　　★

A：飲茶が終わったらどこへ行きますか？

B：私は先に両替をしなければなりません。**それから**買物に行きます。

一休み

自家製の「暴暴茶」をつくってみませんか？
bouh bouh chàh

お茶の鉄観音（鐵觀音）とプーアル茶（普洱）を同じぐらいの量で、
tit-gwūn-yām　　　　　　　　　　　　　　　póu léi

乾燥したばらの花（乾嘅玫瑰花）と乾燥した菊の花（乾嘅菊花）を少
gōnge mùih-gwan-fā

し加えてお湯を注げば、「暴暴茶」ができあがりますが、材料の分量を少しずつ調整しながら自分の味に合わせるようにつくりましょう。

你想食セ嘢呀？

CD-28

A：你 鍾意 食 セ嘢 點心 呀？
Néih jūng-yi sihk māt-yéh dím-sām a
ネイ チョンイー セック マットイェー ティムサム アー

B：我 想 食 鳳爪 同 牛肉燒賣 。
Ngóh séung sihk fuhng-jáau tùhng ngàuh-yuhk-sīu-máai
んゴーソョォん セック フォんチャーウ トん ンガウヨックシウマーイ

★　　★　　★

A：唔該、 兩籠 鳳爪 同 一籠 牛柏葉 吖！
Mh-gōi léuhng-lùhng fuhng-jáau tùhng yāt-lùhng ngàuh-paak-yihp ā
ムコーイ リョォんロん フォんチャーウ トん ヤットロん ンガウパーックイーップ アー

B：呢啲 係 セ嘢 嚟㗎？
Nī-dī haih yāt-yéh làih ga
ニーティー ハイ マットイェー ライカー

A：(呢啲) 係 牛 嘅胃 嚟嘅。
(Nī-dī) haih ngàuh ge waih làih ge
(ニーティー) ハイ んガウケー ワイ ライケー

★　　★　　★

A：飲 完 茶 之後， 去 邊度 呀？
Yám yùhn chàh jī-hauh heui bīn-douh a
ヤムユィん チャーチー ハウ ホョイ ピントウ アー

B：我 要 去 換錢先， 然後 去 買 嘢。
Ngóh yiu heui wuhn chín sīn yìhn hauh heui máaih yéh
んゴーイウ ホョイウーンチンシン イーンハウ ホョイ マーイ イェー

メモ

「完」は動作の終了を表すものです。「動詞＋完」の形になると「〜をやり終える」という意味のほか「〜をやり終えたら〜」という未来のことにも使えます。

「A 係 B 嚟嘅。」は「AはBなのです」という説明文です。（P.90参照）。ここでの「嚟嘅」の「嚟」は「来る」という意味の「嚟」とは異なりますので注意しましょう。

応用練習

1 あなたは〜をするのが好きですか？ { 好きです。 / きらいです。

①あなたは魚（を食べるの）が好きですか？

②あなたは牛肉（を食べるの）が好きですか？

2 私は〜するのが好きです。

①私は旅行するのが好きです。

②私はお酒を飲むのが好きです。

3 私は〜するのがきらいです。

①私は勉強するのがきらいです。

②私はマージャンをするのがきらいです。

4 私は〜したいです。

①私は部屋を予約したいです。

②私はチェックアウトしたいです。

③私は医者にかかりたいです。

1 你鍾唔鍾意＋**動詞**〜呀？ ｛鍾意。
　　　　　　　　　　　　　　 唔鍾意。

① 你 鍾唔鍾意 食 魚呀？
Néih jūng-m̀h-jūng-yi sihk yú a
ネイチョンムチョンイーセックユィアー

② 你 鍾唔鍾意 食 牛肉 呀？
Néih jūng-m̀h-jūng-yi sihk ngàuh-yuhk a
ネイチョンムチョンイーセックんガウヨックアー

2 我鍾意＋**動詞**〜。

① 我 鍾意 旅行 。
Ngóh jūng-yi léuih-hàhng
んゴーチョンイーロョイハん

② 我 鍾意 飲 酒 。
Ngóh jūng-yi yám jáu
んゴーチョンイーヤムチャウ

3 我唔鍾意＋**動詞**〜。

① 我 唔鍾意 讀書 。
Ngóh m̀h-jūng-yi duhk-syū
んゴームチョンイートックシュイ

② 我 唔鍾意 打 麻雀 。
Ngóh m̀h-jūng-yi dá màh-jeuk
んゴームチョンイーターマーチョーック

4 我想〜。

① 我 想 訂 房 。
Ngóh séung dehng fóng
んゴーソョオんテーんフォーん

② 我 想 退 房 。
Ngóh séung teui fóng
んゴーソョオんトョイフォーん

③ 我 想 睇醫生。
Ngóh séung tái yī-sāng
んゴーソョオんタイイーサん

5 私は ｛したいです。(意思が強い)
　　　　しなければなりません。
　　　　する必要があります。

①私は寝たいです。

②私は会社へ行かなければなりません。

③私は薬を飲む必要があります。

6 （〜を）し終えましたか？ ｛（もう）終わりました。
　　　　　　　　　　　　　　（まだ）終わっていません。

① a： 読み終えましたか？　　b：（もう）読み終えました。

② a： ご飯を食べ終えまし　　b： まだ、食べ終えていません。
　　　たか？

7 a：**は（いったい）〜なのですか？**　b：**は〜なのです。**

① a： これは何なのですか？

　b： これはブタの胃袋なんです。

② a： 彼はいったい誰なのですか？

　b： 彼は私の友達なんです。

5 我要＋**動詞**～。

① 我 要 瞓 覺 。
　　Ngóh yiu fan-gaau
　　んゴーイウファンカーウ

② 我 要 返 工。
　　Ngóh yiu fāan gūng
　　んゴーイウファーンコん

③ 我 要 食 藥 。
　　Ngóh yiu sihk yeuhk
　　んゴーイウセックヨーック

6 **動詞**＋完（**目的語**）未呀？ ｛**動詞**＋完（嘞）。
　　　　　　　　　　　　　　　　（重）未（**動詞**＋完）。

① a： 睇 完 未 呀？　　　　b： 睇 完 （嘞）。
　　　Tái yùhn meih a　　　　　　Tái yùhn (laak)
　　　タイユィンメイアー　　　　　タイユィン(ラーック)

② a： 食 完 飯 未 呀？　　　b： 重 未 食 完 。
　　　Sihk yùhn faahn meih a　　　Juhng meih sihk yùhn
　　　セックユィンファーンメイアー　チョんメイセックユィン

7 a：～係～嚟㗎？　b：～係～嚟嘅。

① a： 呢 啲 係 乜 嘢 嚟 㗎？
　　　Nī-dī haih māt-yéh làih ga
　　　ニーティーハイマットイェーライカー

　　b： 呢 啲 係 豬 肚 嚟 嘅。
　　　Nī-dī haih jyū-tóuh làih ge
　　　ニーティーハイチュィトウライケー

② a： 佢 係 邊 個 嚟 㗎？
　　　Kéuih haih bīn-go làih ga
　　　コョイハイビンコーライカー

　　b： 佢 係 我 朋 友 嚟 嘅。
　　　Kéuih haih ngóh pàhng-yáuh làih ge
　　　コョイハイんゴー ぱンヤウ ライケー

13 両替のときの会話
今日のレートはいくらですか？

A：香港ドルに両替したいのですが。

B：いくら換えますか？

A：今日の日本円の為替レートはいくらですか？

B：１万円が700香港ドルに換わります。

A：じゃ、この５万円を香港ドルに換えてください。

B：わかりました。ちょっとお待ちください。

A：すみませんが、この100ドル札をくずしてください。

B：はい。

今日嘅牌價係幾多呀？

A: 我 想 換 港幣。
Ngóh séung wuhn góng-baih
ンゴーソォオンウーンコーんパイ

B: 換 幾多呀？
Wuhn géi-dō a
ウーンケイトーアー

A: 今日 嘅 日圓 牌價 係幾多呀？
Gām-yaht ge yaht-yùhn pàaih-ga haih géi-dō a
カムヤットケーヤットュィンパーイカーハイケイトーアー

B: 一萬 日圓 換 七百蚊 港幣。
Yāt-maahn yaht-yùhn wuhn chāt-baak-mān góng-baih
ヤットマーンヤットュィンウーンチャットパーックマンコーんパイ

A: 咁 唔該你 將 呢 五萬 日圓 換 成 港幣 吖。
Gám m̀h-gōi néih jēung nī ńgh-maahn yaht-yùhn wuhn sìhng góng-baih ā
カムムコーイネイチョオんニーングマーンヤットュィンウーン せん コーんパイアー

B: 好， 請 等（一）等。
Hóu chéng dáng (yāt) dáng
ホウ チェーんタン（ヤット）タん

A: 唔該你 暢散 呢張 一百蚊 紙吖。
M̀h-gōi neih cheung-sáan nī-jēung yāt-baak-mān jí ā
ムコーイネイチョオんサーンニーチョオンヤットパーックマンチーアー

B: 好。
Hóu
ホウ

111

> **メモ**

　香港の通貨は「香港ドル（HK＄）」です。口語では「1 HKドル」は「一蚊」で「10セント（0.10HK＄）」は「一毫子」というように「蚊」と「毫子」は基本的にお金の単位になっていますが、「1 HKドル」は「一蚊」のほかに「一個銀錢」という言いかたもあります。ですから、下記のようにセットがついた場合には銀錢の量詞である「個」を使った言いかたをします。

1.10HK＄　　個一➡（一）個（銀錢）＋一（毫子）の省略
11.50HK＄　十一個（銀錢）＋半（個銀錢）の省略

メモ

● 香港の通貨の種類

紙幣（枚）	紙幣（張）
1,000HK$	一千蚊 yāt-chīn-mān
500HK$	五百蚊 ńgh-baak-mān
100HK$	一百蚊 yāt-baak-mān
50HK$	五十蚊 ńgh-sahp-mān
20HK$	二十蚊 yih-sahp-mān
10HK$	十蚊 sahp-mān

硬貨（枚）	硬幣（個）
10HK$	十蚊 sahp-mān
5HK$	五蚊 ńgh-mān
2HK$	两蚊 léuhng-mān
1HK$	一蚊 yāt-mān
0.5HK$ (50セント)	五毫子 ńgh-hòuh-jí
0.2HK$ (20セント)	两毫子 léuhng-hòuh-jí
0.1HK$ (10セント)	一毫子 yāt-hòuh-jí

応用練習

1 お金の言い方
①10セント　　　　　　　　②20セント

③1.00HK＄　　　　　　　　④1.10HK＄

⑤2.50HK＄　　　　　　　　⑥12.50HK＄

⑦45.80HK＄　　　　　　　⑧101HK＄

⑨110HK＄　　　　　　　　⑩3,111HK＄

2 すみません、aをbに換えてください。

①a：この3万円　　　　　b：米ドル

②a：この10万円　　　　　b：人民元

③a：この1,000米ドル　　 b：日本円

3 すみません、〜をくずしてください。
①すみません、この1,000ドル(札)をくずしてください。

②すみません、この10ドル(札)をくずしてください。

③すみません、この10ドル(のコイン)をくずしてください。

CD-31

1

① 一毫子
yāt-hòuh-jí
ヤットホウチー

② 兩毫子
léuhng-hòuh-jí
リョオンホウチー

③ 一蚊
yāt-mān
ヤットマン

④ 個一
go-yāt
コーヤット

⑤ 兩個半
léuhng-go-bun
リョオンコーブーン

⑥ 十二個半
sahp-yih-go-bun
サップイーコーブーン

⑦ 四十五個八
sei-sahp-ńgh-go-baat
セイサップんグコーパートッ

⑧ 一百零一蚊
yāt-baak-lìhng-yāt-mān
ヤットパーックりんヤットマン

⑨ 一百一十蚊
yāt-baak-yāt-sahp-mān
ヤットパーックヤットサップマン

⑩ 三千一百一十一蚊
sāam-chīn-yāt-baak -yāt -sahp -yāt -mān
サームチンヤットパーックヤットサップヤットマン

2 唔該你 將 a 換成 b 吖。
M̀h-gōi néih jēung   wuhn-sìhng   ā
ムコーイネイチョオン　ウーンせン　アー

① a： 呢 三萬 日圓   b： 美金
nī sāam-maahn yaht-yùhn   méih-gām
ニーサームマーンヤットユィン　メイカム

② a： 呢 十萬 日圓   b： 人民幣
nī sahp-maahn yaht-yùhn   yàhn-màhn-baih
ニーサップマーンヤットユィン　ヤンマンパイ

③ a： 呢 一千 美金   b： 日圓
nī yāt-chīn méih-gām   yaht-yùhn
ニーヤットチン メイカム　ヤットユィン

3 唔該你暢散～吖。

① 唔該你 暢散 呢張 一千蚊（紙）吖。
M̀h-gōi néih cheung-sáan   nī-jēung   yāt-chīn-mān(jí)   ā
ムコーイネイチョオンサーンニーチョオンヤットチンマン（チー）アー

② 唔該你 暢散 呢張 十蚊（紙）吖。
M̀h-gōi néih cheung-sáan   nī-jēung   sahp mān(jí)   ā
ムコーイネイチョオンサーンニーチョオンサップマン（チー）アー

③ 唔該你 暢散 呢個 十蚊（銀）吖。
M̀h-gōi néih cheung-sáan   nī-go   sahp mān (ngán)   ā
ムコーイネイチョオンサーンニーコーサップマン（んガン）アー

14 デパートにて①
少し安くしてもらえますか?

A：お客様、どういったものをお求めですか？

B：**カシミヤ**のセーターを1枚買いたいのですが。

A：これは**Mサイズ**です。合うかどうかご覧になってください。

B：**ほかの**色はありますか？

A：この色以外にまだ赤と白があります。

B：じゃ、この赤いのをください。いくらですか？

A：1,500香港ドルです。

B：ワァー、こんなに高いの？　少し安くしてもらえますか？

一休み

　香港は「購物天堂」(買物天国)といわれ、至るところに店があり、安くて、ものの種類も多いので、ショッピングだけでも十分楽しめます。香港の店は地域によって多少営業時間が異なりますが、デパートは10時から21時、22時まで営業しているところが多いです。

平啲得唔得呀？

CD-32

A： 太太， 想要啲 セ嘢 呀？
　　Taai-táai séung yiu dī māt-yéh a
　　ターイターイ ソョオンイウティーマットイェーアー

B： 我 想 買 一件 茄士咩 嘅 冷衫。
　　Ngóh séung máaih yāt-gihn kē-sih-mē ge láang-sāam
　　んゴーソョオンマーイヤットキーンケーシーメーケーラーンサーム

A： 呢件 係 中碼，你睇吓 啱唔啱 ？
　　Nī-gihn haih jūng-máh néih tái háh ngāam-m̀h-ngāam
　　ニーキーンハイチョんマー ネイタイハーんガームんガーム

B： 有冇 其他 顏色 呀？
　　Yáuh-móuh kèih-tā ngàahn-sīk a
　　ヤウモウ ケイターんガーンセックアー

A： 除咗 呢個 顏色， 重有 紅色 同 白色。
　　Chèuih-jó nī-go ngàahn-sīk juhng yáuh hùhng-sīk tùhng baahk-sīk
　　チョイチョーニーコーんガーンセック チョんヤウほんセックトん パーックセック

B： 咁， 我 要 呢件 紅色 嘅啦！幾多錢 呀？
　　Gám ngóh yiu nī-gihn hùhng-sīk ge lā Géi-dō-chín a
　　カム んゴーイウニーキーンほんセックケーラー ケイトーチンアー

A： 一千五百蚊。
　　Yāt-chīn-ńgh-baak-mān
　　ヤットチんグパーックマン

B：嘩，咁 貴 吖、平啲 得唔得呀 ？
　　Wa gam gwai àh pèhng dī dāk-m̀h-dāk a
　　ワー カムクワイアー ペーんティタックムタックアー

メモ

「～得唔得呀？」は「～できますか？」、「～いいですか？」、「～してもらえますか？」の意味で、許可や賛成を求めるときや、お願いするときなどに、よく文の最後につけて使います。

応用練習

1 ちょっと〜する／〜してみる
①ちょっと試す　　　　　　②ちょっと食べてみる

③ちょっと見る　　　　　　④ちょっと待つ

2 〜のほかに〜／を除いたほかは〜
①紺と茶色のほか、黄色とグリーンがあります。

②月曜日以外は毎日営業しています。

3 そんなに／あんなに／こんなに 〜なの？
①こんなに小さいの？　　　②あんなに（時間が）かかるの？

③そんなに（時間が）早いの？

4 〜できますか？／〜いいですか？／〜してもらえますか？ ｛できます。／いいです。／だめです。｝
①少し速くできますか？

②少し後にできますか？

③ちょっと試したいのですが、いいですか？

④もう一度言ってもらえますか？

1 ～吓

① 試吓
si háh
シーハー

② 食吓
sihk háh
セックハー

③ 睇吓
tái háh
タイハー

④ 等吓
dáng háh
タンハー

2 除咗～(之外)～

① 除咗 藍色 同 咖啡色，重有 黃色 同 綠色。
Chèuih-jó nàahm-sīk tùhng ga-fē-sīk juhng yáuh wòhng-sīk tùhng luhk-sīk
チョイチョーナームセックトんカーフェーセック チょンヤウワォーんセック トん ロックセック

② 除咗 星期 一 (之外)， 每日 都 開 門。
Chèuih-jó sīng-keih yāt (jīngoih) múih-yaht dōu hōi mùhn
チョイチョーせんケイヤット(チーんゴイ) ムイヤットトウホーイムーン

3 咁～吖？

① 咁 細 吖？
Gam sai àh
カム サイアー

② 咁 耐 吖？
Gam noih àh
カム ノイアー

③ 咁 早 吖？
Gam jóu àh
カム チョウアー

4 ～得唔得呀？ ｛得。
　　　　　　　　　 唔得。

① 快 啲 得唔得 呀？
faai dī dāk-m̀h-dāk a
ファーイティータックムタックア

② 遲啲 得唔得 呀？
Chìh dī dāk-m̀h-dāk a
チーティータックムタックアー

③ 我 想 試吓，得唔得 呀？
Ngóh séung si háh dāk-m̀h-dāk a
んゴーショオんシーハー タックムタックアー

④ 再 講 一次， 得唔得 呀？
Joi góng yāt-chi dāk-m̀h-dāk a
チョイコーンヤットチー タックムタックアー

15 デパートにて②
どこで買えますか？

A：お訪ねしたいのですが、この薬はありますか？

B：ありません。

A：どこで買えますか？

B：**中国デパート**へ行ってみてください。

　　　　　　　★　　　★　　　★

A：すみませんが、この薬はありますか？

B：あります。いくつほしいですか？

A：1瓶いくらですか？

B：1瓶30ドルです。

A：じゃ、2瓶ください。

一休み

　香港のショッピングで、観光客がよく訪れるのは、女人街と廟街の露店市です。女人街は名前のとおり女性のもの、廟街は男人街ともいわれ男性のものが多く売られています。ここでは、安い衣類や、カバンなどが手に入りますが、財布を出す前に［平啲啦！］と値切ってみたらどうでしょうか。

喺邊度有得賣呀？

A: 請問　有冇　呢隻　藥　賣呀？
Chéng-mahn yáuh-móuh nī-jek yeuhk maaih a
チェーンマン　ヤウモウ　ニーチェック　ヨーック　マーイアー

B: 冇。
Móuh
モウ

A: 喺　邊度　有得　賣　呀？
Hái bīn-douh yáuh dāk maaih a
ハイ　ピントウ　ヤウタック　マーイアー

B: 你去　　國貨公司　　睇吓啦！
Néih heui gwok-fo-gūng-sī tái háh lā
ネイ ホョイ クウォーック フォーこンシー　タイハーラー

★　　　　★　　　　★

A: 唔該有冇　呢隻　　藥　呀？
M̀h-gōi yáuh-móuh nī-jek yeuhk a
ムコーイ ヤウ モウ ニーチェック ヨーック アー

B: 有，要　幾多樽　呀？
Yáuh yiu géi-dō-jēun a
ヤウ　イウ ケイトーチョンアー

A:　一樽　幾多錢呀？
Yāt-jēun géi-dō-chín a
ヤットチョン ケイトーチンアー

B:　一樽　三十蚊　。
Yāt-jēun sāam-sahp-mān
ヤットチョン サームサップマン

A: 咁 俾　两樽　我吖。
Gám béi léuhng-jēun ngóh ā
カム ペイ リョオンンチョンン ゴーアー

> **メモ**
>
> 「俾」にはいろいろな使い方があります。動詞としての「俾」は「あげる」、「くれる」という意味を表します。「俾」の後に目的語が2つあった場合は、次の順になります。
>
> 　我　俾①錢②佢。　私は彼にお金をあげます。
> Ngóh béi chín kéuih

応用練習

1 兼語文（目的語の前後の動詞がその目的語を兼用している）
①行く人がいますか？

②（ホテルで）両替できますか？

③（ホテルで）飲茶ができますか？

2 どこで〜することができますか？
①どこで食べられますか？

②どこで泳げますか？

3 〜いくらですか？
①1人いくらですか？　　②1枚（服など）いくらですか？

③1斤（約600g）いくらですか？　　④1両（約37.5g）いくらですか？

4 〜をください（ものを買うときや、レストランで注文するとき）。
①フィルムを1本ください。

②ワンタンメンを1つください。

③牛バラかけご飯を1皿ください。

④マカオへの乗船券を2枚ください。

1 有冇＋目的語＋動詞＋？

① 有冇 人 去 呀？
Yáuh-móuh yàhn heui a
ヤウモウ ヤンホョイアー

② (酒店) 有冇 錢 換 呀？
(Jáu-dim) yáuh-móuh chín wuhn a
(チャウティム) ヤウモウ チンウーンアー

③ (酒店) 有冇 茶 飲 呀？
(Jáu-dim) yáuh-móuh chàh yám a
(チャウティム) ヤウモウ チャーヤムアー

2 邊度有得〜呀？

① 邊度 有 得 食 呀？
Bīn-douh yáuh dāk sihk a
ビントウ ヤウタックセックアー

② 邊度 有 得 游 水 呀？
Bīn-douh yáuh dāk yàuh séui a
ビントウ ヤウタックヤウソョイアー

3 幾多錢〜呀？

① 幾多錢 一個 人 呀？
Géi-dō-chín yāt-go yàhn a
ケイトーチンヤットコーヤンアー

② 幾多錢 一件 呀？
Géi-dō-chín yāt-gihn a
ケイトーチンヤットキーンアー

③ 幾多錢 一斤 呀？
Géi-dō-chín yāt-gān a
ケイトーチンセットカンアー

④ 幾多錢 一兩 呀？
Géi-dō-chín yāt-léung a
ケイトーチンヤットリョオンアー

＊③、④の斤、両はお茶や、野菜などをはかる重さの単位。

4 唔該（你）俾〜我吖。

① 唔該 (你) 俾 一卷 菲林 我 吖。
M̀h-gōi (néih) béi yāt-gyún fēi-lám ngóh ā
ムコーイ(ネイ)ペイヤットキュィンフェイラムんゴーアー

② 唔該 (你) 俾 一碗 雲吞麵 我 吖。
M̀h-gōi (néih) béi yāt-wún wàhn-tān-mihn ngóh ā
ムコーイ(ネイ)ペイヤットウーン ワンタンミン んゴーアー

③ 唔該 (你) 俾 一碟 牛腩飯 我 吖。
M̀h-gōi (néih) béi yāt-dihp ngàuh-náahm-faahn ngóh ā
ムコーイ(ネイ)ペイヤットティップんガウナームファーンんゴーアー

④ 唔該 (你) 俾 兩張 去 澳門 嘅 船飛 我 吖。
M̀h-gōi (néih) béi léuhng-jēung heui Ngou-mún ge syùhn-fēi ngóh ā
ムコーイ(ネイ)ペイリョオンチョオンホョイんゴウムーンケーシュィンフェイんゴーアー

(参考 ⑤)

ファッションに関する基本語

○衣服

哂士　（サイズ）
sāai-sí
サーイシー

細碼　（Sサイズ）
sai-máh
サイマー

中碼　（Mサイズ）
jūng-máh
チョンマー

大碼　（Lサイズ）
daaih-máh
ターイマー

加大碼　（LLサイズ）
gā-daaih-máh
カーターイマー

男裝衫　（紳士用服）
nàahm jong sāam
ナームチョーンサーム

女裝鞋　（婦人用靴）
néuih jōng (hàaih)
ノョイチョーン（ハーイ）

童裝衫　（子供用服）
tùhng-jōng sāam
トンチョーンサーム

西裝　（背広）
sāi-jōng
サイチョーン

大褸　（オーバー）
daaih-lāu
ターイラウ

雨褸　（レインコート）
yúh-lāu
ユィラウ

恤衫　（Yシャツ、ブラウス）
sēut-sāam
ショットサーム

褲　（ズボン）
fu
フー

牛仔褲　（ジーパン）
ngàuh-jái-fu
んガウチャイフー

領呔　（ネクタイ）
léhng-tāai
レーんターイ

襪　（靴下）
maht
マット

手襪　（手袋）
sáu-maht
サウマット

連身裙　（ワンピース）
lìhn-sān-kwàhn
リンサンクワン

裙　（スカート）
kwàhn
クワン

旗袍　（チャイナドレス）
kèih-póu
ケイポウ

底衫　（アンダーシャツ）
dái-sāam
タイサーム

底褲　（パンツ）
dái-fu
タイフー

底裙　（スリップ）
dái-kwàhn
タイクワン

胸圍　（ブラジャー）
hūng-wàih
ホンワイ

絲襪　（ストッキング）
sī-maht
シーマット

絲巾　（スカーフ）
sī-gān
シーカン

皮鞋　（皮靴）
pèih-hàaih
ペイハーイ

涼鞋　（サンダル）
lèuhng-hàaih
リョんハーイ

拖鞋　（スリッパ）
tō-háai
トーハート

手袋　（ハンドバッグ）
sáu-dói
サウトーイ

124

皮帶　　（バンド）
pèih-dáai
ペイターイ

戒指　　（指輪）
gaai-jí
カーイチー

耳環　　（イヤリング、ピアス）
yíh-wáan
イーワーン

手鈪　　（ブレスレット）
sáu-ngáak
サウンガーック

呔夾　　（ネクタイピン）
tāai-gáap
ターイカープ

化粧品　　（化粧品）
fa-jōng-bán
ファーチョーンパン

収縮水　　（化粧水）
sāu-sūk-séui
サウソックソョイ

粉底　　（ファンデーション）
fán-dái
ファンタイ

眼蓋膏　　（アイシャドウ）
ngáahn-koi-gōu
んガーンコーイコウ

帽　（帽子）
móu
モウ

頸鍊　　（ネックレス）
géng-lín
ケーンリーン

心口針　　（ブローチ）
sām-háu-jām
サムハウチャム

鍊墜　　（ペンダント）
lín-jéui
リーンチョイ

袖口鈕　　（カフスボタン）
jauh-háu-náu
チャウハウナウ

潔面霜　　（洗顔クリーム）
git-mihn-sēung
キットミンソョオン

護膚霜　　（クリーム）
wuh-fū-sēung
ウーフーソョオン

胭脂　　（ほお紅）
yīn-jī
イーンチー

（口）唇膏　　（口紅）
(háu-)sèuhn-gōu
(ハウ)ソョンコウ

125

16 屋台へ行ったことがありますか？

屋台についての会話

A：だいぶ、歩いたけど、**疲れませんか**？

B：**ちょっと**疲れています。

A：じゃ、どこかでお茶でも飲みましょうか。

B：いいですね。

A：あなたは**屋台**へ行ったことがありますか？

B：ありません。（試しに）**連れ**て行ってください。

A：いいですよ。

　ほら、これが屋台ですよ。

メモ

「動詞＋過」は「～したことがあります。」という経験を表すときに使います。「～したことがありますか？」という疑問文は右のページの3通りあります。そして経験の回数を表すのに「～次」や「～ 趟 」が用いられます。
　　　　　　　　　　　　　　　　　　　　　　chi
　tong　　　　　　　　　　　　　　　　　　　チー
　トーン

有冇去過大牌檔呀？

CD-36

A：行 咗 咁 耐， 攰唔攰 呀？
　　Hàahng jó gam noih　guih-m̀h-guih　a
　　ハーン チョーカム ノイ　　クーイムクーイアー

B：有 啲 攰。
　　Yáuh dī guih
　　ヤウ ティークーイ

A：咁， 不如 搵 個 地方 飲 杯 茶 啦。
　　Gám　bāt-yùh wán go　deih-fōng yám būi chàh lā
　　カム　パットユィワンゴーテイフォーンヤムブーイチャーラー

B：好呀。
　　Hóu a
　　ホウアー

A：你 有冇 去 過 大牌檔 呀？
　　Néih yáuh-móuh heui gwo daaih-pàaih-dong a
　　ネイ ヤウモウ ホョイクウォーターイパーイトーんアー

B：冇，你 帶 我 去 試吓吖。
　　Móuh　néih daai ngóh heui si háh ā
　　モウ　ネイターインゴーホョイシーハーアー

A：好呀。
　　Hóu a
　　ホウ アー

　　嗱， 呢啲 就 係 大牌檔 嘞！
　　Nàh　nī-dī　jauh haih daaih-pàaih-dong laak
　　ナー　ニーティーチャウハイターイパーイトーンラック

---

①你 有冇 去 過 中國 呀？
　Néih yáuh-móuh heui gwo Jūng-gwok a
　ネイ ヤウモウ ホョイクウォーチョンクウォーックアー

②你 去 過 中國 未呀？
　Néih heui gwo Jūng-gwok meih a
　ネイホョイクウォーチョンクウォーックメイアー

③你 去 過 中國 嗎？
　Néih heui gwo Jūng-gwok ma
　ネイホョイクウォーチョンクウォーックマー

①、②、③ともに「あなたは中国へ行ったことがありますか？」の意味ですが、①、②がよく使われます。

127

応用練習

1 ～したらどうですか?／～したほうがいい。／～しましょう。
①試したらどうですか？

②(私たちは) 飲茶に行きましょう。

③買わないほうがいいですよ。

2 ～したことがありますか? { あります。 / ありません。
① a: 中国へ行ったことがありますか？　b: あります。

② a: 香港映画を見たことがありますか？　b: ありません。

3 ～したことがありますか? { したことがあります。 / したことはありません。
① a: ビクトリアピークへ行ったことがありますか？　b: 行ったことがあります。

② a: 日本料理を食べたことがありますか？　b: 食べたことはありません。

4 「何回しましたか?」と聞かれたとき
① a: あなたは香港へ何回行きましたか？　b: 3回です。

②私は2回飲茶をしたことがあります。

CD-37

1 不如~啦/吖!

① 不如 你試吓吖!
Bāt-yùh néih si háh ā
パットユィネイシーハーアー

②(我哋) 不如 去 飲 茶 啦!
(Ngóh-deih) bāt-yùh heui yám chàh lā
(んゴーテイ)パットユィホョイヤムチャーラー

③ 不如 唔好 買 啦!
Bāt-yùh m̀h hóu máaih lā
パットユィムーホウマーイラー

2 有冇+動詞+過(+目的語)呀? { 有。
{ 冇。

①a: 有冇 去 過 中國 呀?   b: 有。
Yáuh-móuh heui gwo Jūng-gwok a   Yáuh
ヤウモウ ホョイクウォーチョンクウォーックアー   ヤウ

②a: 有冇 睇 過 香港 電影 呀? b: 冇。
Yáuh-móuh tái gwo Hēung-góng dihn-yíng a   Móuh
ヤウモウ タイクウォーヘョンコーンティンイェンアー   モウ

3 動詞+過(+目的語)未呀? { 動詞+過。
{ 未+動詞+過。

①a: 去 過 山頂 未呀?   b: 去 過。
Heui gwo sāan-déng meih a   Heui gwo
ホョイクウォー サーンテーン メイアー   ホョイクウォー

②a: 食 過 日本菜 未呀?   b: 未 食 過。
Sihk gwo Yaht-bún-choi meih a   Meih sihk gwo
セックウォーヤットブーンチョイ メイアー   メイ セックウォー

4 動詞+過幾多次/趟呀?

①a: 你去 過 幾多次 香港 呀? b: 三次。
Néih heui gwo géi-dō-chi Hēung-góng a   Sāam-chi
ネイホョイクウォーケイトーチーヘョンコーンアー   サームチー

② 我 飲 過 兩次 茶。
Ngóh yám gwo léuhng-chi chàh
んゴーヤムクウォーリョオンチーチャー

5 ほかではなく~だ。/~こそ~だ。
①私が林毅です。

②そこが駅ですよ。

③(今まで富士山を見たことのない人に) あれが富士山ですよ。

④こちらがあなたたちのガイドです。

5 ～就係～嘞！

① 我 就 係 林 毅 嘞！
Ngóh jauh haih Làhm-ngaih laak
ンゴーチャウハイ ラム ンガイラーック

② 嗰度 就 係 車站 嘞！
Gó-douh jauh haih chē-jaahm laak
コートウチャウハイチーチャームラーック

③ 嗰座 就 係 富士山 嘞！
Gó-joh jauh haih Fu-sih-sāan laak
コーチョーチャウハイフーシーサーンラーック

④ 呢位 就 係 你哋嘅 導遊 嘞！
Nī-wái jauh haih néih-deih ge douh-yàuh laak
ニーワイチャウハイ ネイテイケー ドウヤウ ラーック

男裝衫

17 友人の家での会話
少ししか話せません。

李さん：ご紹介しましょう。このお2人は林さんと奥様です。
　　　　こちらは私の妻です。

林さん：(李夫人へ) こんにちは。

李夫人：(林さん、林夫人へ) こんにちは。どうぞおかけください。

林さん：はい。ありがとう。

李夫人：林さんの広東語は**本当に**お上手ですね。

林さん：少し**しか**話せ**ない**んです。

李夫人：奥様は話せますか？

林さん：彼女はできません。

一休み

広東語の敬語は日本語ほど日常的ではなく、また日本語より簡単で、種類もあまり多くありません。

敬語を使った文	普通の文
你貴姓呀？（お名前（姓）は何とおっしゃいますか？）	你姓セ嘢呀？（あなたの名前（姓）は何ですか？）
小姓〜 （〜と申します。）	我姓〜 （私は〜といいます。）
邊位呀？（どちら様ですか？）	邊個呀？（誰ですか？）

識講少少啫。

CD-38

李生：等 我 介紹 一吓。 呢兩位 係 林生 同
　　　Dáng ngóh gaai-siuh yāt-háh　Nī-léuhng-wái haih Làhm-sāang tùhng
　　　たんゴーカーイシウヤットハー　ニーリョオンワイハイ ラムサーン とん

　　　林太。 呢個 係 我 太太。
　　　Làhm-táai　Nī-go haih ngóh taai-táai
　　　ラムターイ　ニーコーハインゴーターイターイ

林生：你 好， 李太。
　　　Néih hóu　Léih-táai
　　　ネイ ホウ　レイターイ

李太：你哋 好， 林生、 林太。 請 坐 啦！
　　　Néih-deih hóu　Làhm-sāang　Làhm-táai　Chéng chóh lā
　　　ネイテイ ホウ　ラムサーン　ラムターイ　チェーンチョー ラー

林生：好呀， 唔該。
　　　Hóu a　m̀h-gōi
　　　ホウアー　ムコーイ

李太：林生 嘅 廣東話 講 得 真係 好 嘞！
　　　Làhm-sāang ge Gwóng-dūng-wá góng dāk jān-haih hóu laak
　　　ラムサーン ケークウォーントンワーコーンタックチャンハイホウラーック

林生：我 識 講 少少 啫。
　　　Ngóh sīk góng síu-síu jē
　　　んゴーセックコーンシウシウチェー

李太：你 太太 **識**唔識 講 呀？
　　　Néih taai-táai sīk-m̀h-sīk góng a
　　　ネイターイターイセックムセックコーン アー

林生：佢 唔識。
　　　Kéuih m̀h-sīk
　　　コョイムセック

メモ ······

「**識**」は動詞としては「知っている」（人、字などを）という意味ですが、助動詞としての「識」は経験や、習得した結果「～することができる」という意味です。

　これと同じ意味で助動詞の「會」も使えます。（参照 P.102 助動詞）

応用練習

1 ○○に〜させてください
①(私に) ちょっと見せてください。

②彼にやらせてください。

③私に払わせてください。

2 〜く・に〜 (動作の状態や程度を表す)
①とても速く食べます。(食べるスピードがとても速い)

②とても上手に歌えます。(歌うのがとても上手だ)

③下手に書きます。(書くのが下手だ)

3 〜できますか？ ｛できます。
　　　　　　　　　　できません。

① a： 英語が話せますか？　　　b： 話せます。

② a： 料理ができますか？　　　b： できます。

③ a： 車の運転ができますか？　b： できません。

1 等○○〜。

① 等 我 睇 吓！
Dáng ngóh tái háh
タンゴー タイ ハー

② 等 佢 做 啦！
Dáng kéuih jouh lā
タン コイ チョウ ラー

③ 等 我 俾 啦！
Dáng ngóh béi lā
タンゴー ペイ ラー

2 動詞＋得＋（副詞＋）形容詞

① 食 得 好 快 。
Sihk dāk hóu faai
セック タック ホウ ファーイ

② 唱 得 幾 好 。
Cheung dāk géi hóu
チョオン タック ケイ ホウ

③ 寫 得 唔 好 。
Sé dāk m̀h hóu
セー タック ム ホウ

3 識唔識＋動詞＋（目的語）呀？ { 識（動詞） / 唔識

① a： 識唔識 講 英文 呀？ b： 識 講 。
Sīk-m̀h-sīk góng Yīng-mán a   Sīk góng
セックムセック コーン イェンマン アー   セック コーン

② a： 識唔識 煮 飯 呀？ b： 識 。
Sīk-m̀h-sīk jyú faahn a   Sīk
セックムセック チュイ ファーン アー   セック

③ a： 識唔識 揸 車 呀？ b： 唔識 。
Sīk-m̀h-sīk jā chē a   M̀h sīk
セックムセック チャー チェー アー   ム セック

4 〜しかない／〜だけです。

①彼は2晩だけ泊まります。

②私は少しだけ買います。

③私は1回しか見たことがありません。

4 ～啫。

① 佢 住 两晚 啫。
　Kéuih jyuh léuhng-máahn jē
　コョイチュイ リョオンマーン チェー

② 我 買 少少 啫。
　Ngóh máaih síu-síu jē
　んゴー マーイ シウシウ チェー

③ 我 睇 過 一次 啫。
　Ngóh tái gwo yāt-chi jē
　んゴー タイ クウォーヤットチ チェー

18 天気についての話
雨が降らないと思います。

A：すみませんが、たばこを吸ってもいいですか？

B：どうぞ、ご遠慮なく。
この数日はこんなにいいお天気で、あなたがたは本当にラッキーですね。明日はどこへ行くつもりですか？

A：私たちは海洋公園へ行くつもりですが、もし雨だったら行きません。

B：降らないと思いますよ。天気予報ではあしたいいお天気だそうです。

メモ

不定詞の「幾」は「いくつか」という10以下の数を表します。この「幾」の後ろに必ず量詞を伴います。

例　幾個人　→数人

　　十幾個人→十数人

　　幾十日　→数十日

我諗唔會落雨。

A：唔好意思，我可唔可以食煙呀？
　　M̀h-hóu yi-si　ngóh hó-m̀h-hó-yíh sihk yīn a
　　ムホウイーシー　んゴーホームホーイー セックインアー

B：隨便啦！唔使客氣。
　　Chèuih-bín lā　m̀h-sái haak-hei
　　チョイビンラー　ムサイ ハークヘイ

　　呢幾日咁好天，你哋真係好彩嘞！
　　Nī-géi-yaht gam hóu-tīn　néih-deih jān-haih hóu-chói laak
　　ニーケイヤットカムホウティン　ネイテイチャンハイホウチョーイラーック

　　你哋聽日打算去邊度呀？
　　Néih-deih tīng-yaht dá-syun heui bīn-douh a
　　ネイテイ テンヤットターシュィンホョイピントウアー

A：我哋打算去海洋公園，但係
　　Ngóh-deih dá-syun heui hói-yèuhng-gūng-yún daahn-haih
　　んゴーテイターショィンホョイホーイョんコンュィン　ターンハイ

　　如果落雨就唔去嘞。
　　yùh-gwó lohk yúh jauh m̀h-heui laak
　　ユィクウォーローックユィチャウムホョイラーック

B：我諗唔會落，天氣報告話
　　Ngóh nám m̀h-wúih lohk　tīn-hei-bou-gou wah
　　んゴーナム ムウイ ローック　ティンヘイボウコウワー

　　聽日會好天嘅。
　　tīng-yaht wúih hóu-tīn ge
　　テンヤットウイホウティンケー

メモ　..

「可以」は許可を求めたり、許可をするときに使われる言葉で「～してよい。」の意味です。ある条件のものとで「～できる。」という意味でも使われます。(参照 P.102助動詞)

「會」は「～することができる。」という意味で前課の"識"と同様に使えると述べましたが、そのほか「～するでしょう。」、「～するはずだ。」「～する可能性がある。」という意味としても使われます。(参照 P.102助動詞)

応用練習

1 ～してもいいですか？ ｛いいです。／だめです。｝
①入ってもいいですか？

②**写真**をとってもいいですか？

③**まど**を開けてもいいですか？

④電話をお借りしてもいいですか？

2 私は～するつもりです。
①私は2泊泊まるつもりです。

②私は留学するつもりです。

③私は今年結婚するつもりです。

3 ～するでしょう。／～するはずです。
①あすは**くもり**でしょう。

②彼女は来るはずです。

③雪は降らないはずです。

4 もし～ならば～。
①もし彼が行けば、私は行きません。

②もし雨が降ったら、私たちは映画を見に行きます。

③もし**無料**だったら、いただきます。

1 可唔可以＋動詞＋（目的語）＋呀？ ｛可以。/ 唔可以。｝

① 可唔可以 入 嚟 呀？
Hó-m̀h-hó-yíh yahp làih a
ホームホーイーヤップライアー

② 可唔可以 影 相 呀？
Hó-m̀h-hó-yíh yíng séung a
ホームホーイーイェンソォオンアー

③ 可唔可以 開 窗 呀？
Hó-m̀h-hó-yíh hōı chēung a
ホームホーイーホーイチョオンアー

④ 可唔可以 借 電話 呀？
Hó-m̀h-hó-yíh je dihn-wá a
ホームホーイーチェーティンワーアー

2 我打算＋動詞＋（目的語）。

① 我 打算 住 兩晚 。
Ngóh dá-syun jyuh léuhng-máahn
んゴータオーシュィンチュィリョオンマーン

② 我 打算 留 學 。
Ngóh dá-syun làuh hohk
んゴータオーシュィンラウホーック

③ 我 打算 今年 結婚 。
Ngóh dá-syun gām-nìhn git-fān
んゴータオーシュィンカムニンキーットファン

3 會～。

① 聽日 會 陰天 。
ting-yaht wúih yām-tin
テンヤットウイヤムティン

② 佢 會嚟。
Kéuih wúih làih
コョイウイライ

③ 唔會 落雪 。
M̀h-wúih lohksyut
ムウイ ローックシュイット

4 如果～就～。

① 如果 佢 去, 我 就 唔去。
Yùh-gwó kéuih heui ngóh jauh m̀h-heui
ユィクウォーコョイホョイ んゴーチャウムホョイ

② 如果 落 雨, 我哋 就 去 睇戲。
Yùh-gwó lohk yúh ngóh-deih jauh heui tái hei
ユィクウォーローックユイ んゴーテイチャウホョイタイヘイ

③ 如果 唔使錢 就 要。
Yùh-gwó m̀h-sái chín jauh yiu
ユィクウォームサイチンチャウウイウ

5 考える／思う
①何を考えているのですか？

②買うかどうか考えています。

③彼が来ないだろうと思います。

6 〜といっている／〜だそうです／〜と思う（私とあなたしか使わない）
①ガイドさんは**この店**は値段が高くないと言っています。

②お医者さんは私がたばこを吸ってはいけないと言っています。

③あなたは、彼女が中国人だと思いますか？

5 諗

① (你) 諗緊 セ嘢 呀？
(Néih) nám gán māt-yéh a
(ネイ) ナム カンマットイェーアー

② 諗緊 買唔買 。
Nám gán máaih-m̀h-máaih
ナム カン マーイムマーイ

③ 我 諗 佢 唔會 嚓。
Ngóh nám kéuih m̀h-wúih làih
んゴーナムコョイ ムウイ ライ

6 〜話

① 導遊 話 呢間 舖頭 唔貴。
Douh-yàuh wah nī-gāan pou-táu m̀h-gwai
トウヤウ ワーニーカーンポウタウムクワイ

② 醫生 話 我 唔可以 食 煙。
Yī-sāng wah ngóh m̀h-hó-yíh sihk yīn
イーさンワーんゴームホーイー セックイン

③ 你 話 佢 係唔係 中國人 呀？
Néih wah kéuih haih-m̀h-haih Jūng-gwok-yàhn a
ネイ ワーコョイ ハイムハイ チョンクウォーックヤンアー

(参考 ⑥)
○ 家族の呼び方

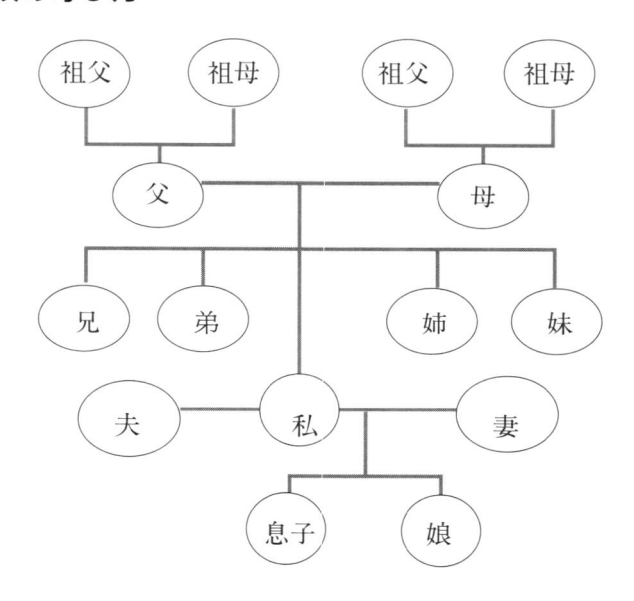

```
    祖父 ― 祖母      祖父 ― 祖母
       │                │
       父 ――――――――――― 母
       │
   ┌───┬───┼───┬───┐
   兄   弟       姉   妹
       │
   夫 ― 私 ― 妻
       │
     ┌─┴─┐
    息子   娘
```

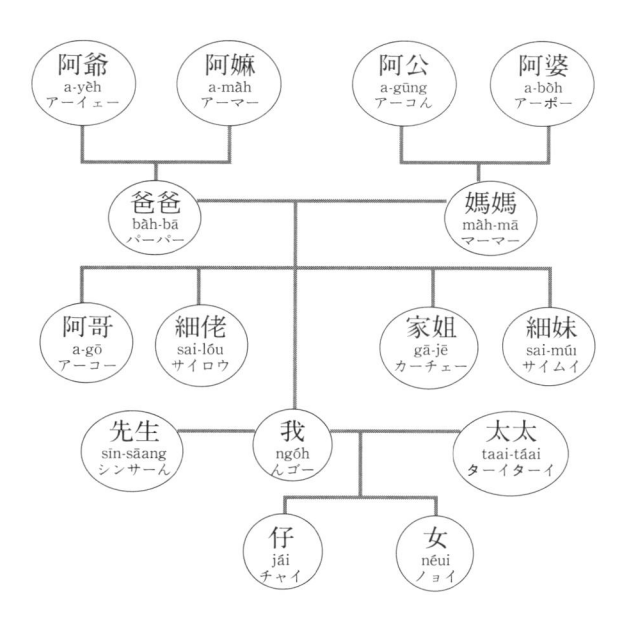

```
阿爺            阿嫲            阿公            阿婆
a-yèh          a-màh          a-gūng         a-bòh
アーイェー      アーマー        アーこン        アーポー
   └──────┬──────┘              └──────┬──────┘
          │                             │
         爸爸 ───────────────────────── 媽媽
         bàh-bā                         màh-mā
         パーパー                        マーマー
          │
  ┌───────┼───────┬───────┬───────┐
 阿哥    細佬              家姐    細妹
 a-gō    sai-lóu           gā-jē   sai-múi
 アーコー サイロウ          カーチェー サイムイ

 先生 ── 我 ── 太太
sīn-sāang ngóh  taai-táai
シンサーン んゴー ターイターイ
          │
      ┌───┴───┐
      仔      女
     jái     néui
     チャイ   ノョイ
```

145

19 家族についての話
お子さんは何人いますか？

A：あなたにはお子さんが何人いますか？

B：2人います。息子1人と娘1人です。

A：私には息子1人**しかいない**んです。

B：息子さんは今年おいくつですか？

A：もう19歳です。**まだ**勉強しています。

B：じゃ、私の娘と同じ年ですね。しかし、うちの娘は**もう**働いています。

A：息子さんは？

B：息子は娘より2つ上で、今大学で勉強しています。

メモ

「個（量詞）」と「嘅」

「你個仔」と「你嘅仔」はともに「あなたの息子」と訳されますが、特定したものに関しては、「嘅」よりはそのものの量詞（数える単位）をよく使います。例えば、「你枝筆」はあなたの（その）ペン」、「佢啲書」は「彼の（それらの）本」です。

你有幾多個細路呀？

A：你 有 幾多個 細路 呀？
　　Néih yáuh géi-dō-go sai-louh a
　　ネイ ヤウケイトーコーサイロウ アー

B：　兩個 。 一個 仔 同 一個 女 。
　　Léuhng-go　Yāt-go jái tùhng yāt-go néui
　　リョォンコー　ヤットコー チャイ トォン ヤットコーノョイ

A：我 得 一個 仔 啫 。
　　Ngóh dāk yāt-go jái jē
　　んゴータックヤットコーチャイチェー

B：你個仔 今年 幾多歲 呀？
　　Néih go jái gām-nìhn géi-dō-seui a
　　ネイ コーチャイカムニンケイトーソョイアー

A：十九歲 嘞 。 重 讀 緊 書 。
　　Sahp-gáu-seui laak　Juhng duhk gán syū
　　サップカウソョイラー　チョントックカンシュィ

B：咁, 同 我 個 女 一樣 咁大 。 但係
　　Gám tùhng ngóh go néui yāt-yeuhng gam daaih daahn-haih
　　カム トォんゴーゴーノョイヤットヨォんカムターイ　ターンハイ

　　我 個 女 已經 做（緊） 嘢 嘞 。
　　ngóh go néui yíh-gīng jouh (gán) yéh laak
　　んゴーゴーノョイイーケンチョー（カン） イェーラック

A：(你) 個 仔 呢？
　　(Néih) go jái nē
　　(ネイ) コーチャイネー

B：個仔 大 過 個 女 兩年 , 而家 讀 緊 大學 。
　　Go jái daaih gwo go néui léuhng-nìhn yìh-gā duhk gán daaih-hohk
　　コーチャイターイクウォーコーノョイリョォんニン　イーカートックカンターイホーック

メモ

「緊」は動作の進行を表すものです。

「動詞＋緊」の形で「〜しているところ」、「〜中」という意味を表します。

応用練習

1 ～しかない。／～しか持ってない。
①10ドルしか持っていません。

②**弟**は１人しかいません。

③**席**が１つしか空いていません。

2 ～しているところ／～中
①食事をしているところ　　　②降りてきている

③テレビを見ている　　　　　④電話中

3 新しい事態の確認を示す。もう｛～になった／～だよ｝
①(ごはんの準備ができて、これから) ご飯ですよ。

②(待っていた電車が見えて) 電車が来ました。

4 ａはｂと｛同じぐらい／同じく｝＋形容詞
①彼は私と同じくらい背が高いです。

②父は母と同じ年です。

5 ａはｂより＋（程度の言葉）＋形容詞
①飛行機は汽車より速いです。

②彼は私より**少し**太っています。

③私は彼女より**ずっと**やせています。

1 得〜啫。

① 得 十蚊 啫 。
Dāk sahp-mān jē
タックサップマンチェー

② 得 一個 細佬 啫 。
Dāk yāt-go sai-lóu jē
タックヤットコーサイロウチェー

③ 得 一個 位 啫 。
Dāk yāt-go wái jē
タックヤットコーワイチェー

2 動詞＋緊＋（目的語）

① 食 緊 飯
sihk gán faahn
セックカンファーン

② 落 緊 嚟
lohk gán làih
ローックカンライ

③ 睇 緊 電視
tái gán dihn-sih
タイ カンティンシー

④ 講 緊 電話
góng gán dihn-wá
コン カンティンワー

3 〜嘞／〜喇

① 食 飯 喇！
Sihk faahn la
セックファーンラー

② 電車 嚟 嘞 ！
Dihn-chē làih laak
ティンチェーライラーック

4 a 同 b 一樣咁＋形容詞

① 佢 同 我 一樣 咁高。
Kéuih tùhng ngóh yāt-yeuhng gam gōu
コョイ トンんゴーヤットヨォンカムコウ

② 我 爸爸 同 我 媽媽 一樣 咁 大 。
Ngóh bàh-bā tùhng ngóh màh-mā yāt-yeuhng gam daaih
んゴーパーパー トん んゴーマーマー ヤットヨォン カム ターイ

5 a＋形容詞＋過 b＋（程度の言葉）

① 飛機 快 過 火車 。
Fēi-gēi faai gwo fó-chē
フェイケイファーイクウォーフォーチェー

② 佢 肥 過 我 (一)啲 。
Kéuih fèih gwo ngóh (yāt)-dī
コョイフェイクウォーんゴー(ヤット)ティー

③ 我 瘦 過 佢 好多。
Ngóh sau gwo kéuih hóu-dō
んゴーサウクウォーコョイホウトー

夕食についての会話
20 何でもいいです。

A：**一緒に**食事に行きましょうか？

B：いいですね。

A：あなたがたは海鮮料理、それとも鍋物が食べたいですか？

B：何でもいいです。あなたが決めてください。

A：この近くに、安くて新鮮な海鮮レストランが1軒あります。

B：妻は海鮮料理がいちばん好き**なんですよ**。

A：それでは、あそこへ食べに行きましょう。

●休み

　中国料理と一口に言っても、地方によって味がずいぶん違いますが、「あたたかいうちに食べる」というのは中国料理に共通です。中国人にとって、ご飯とお茶は特にそうです。日本では夏になると、自動販売機に冷たいお茶しかないので、中国人の私はいつも困ってしまいます。

セ嘢都得。

CD-44

A: 一齊 去 食 飯 好唔好呀？
Yāt-chàih heui sihk faahn hóu-m̀h-hóu a
ヤットチャイホイセックファーン ホウムホウ アー

B: 好呀。
Hóu a
ホウアー

A: 你哋 想 食 海鮮 抑或 火鍋 呀？
Néih-deih séung sihk hói-sīn yīk-waahk fó-wō a
ネイテイ ショオンセックホイシンイェックワーック フォーウォーアー

B: セ嘢 都 得，你 決定 啦！
Māt-yéh dōu dāk néih kyut-dihng lā
マットイェートウタック ネイキュイットテンラー

A: 呢度 附近有 一間 又 平 又 靚 嘅
Nī-douh fuh-gahn yauh yāt-gāan yauh pèhng yauh leng ge
ニートウ フーカン ヤウヤットカーンヤウ ペーン ヤウレーンケー

海鮮酒家 。
hói-sīn-jáu-gā
ホーイシンチャウカー

B: 我 太太 最 鍾意 食 海鮮 㗎嘞 ！
Ngóh taai-táai jeui jūng-yí sihk hói-sīn ga-laak
んゴーターイターイチョイチョンイー セックホーイシンカーラーック

A: 咁 就 去 嗰度 食 啦！
Gám jauh heui gó-douh sihk lā
カムチャウホョイコートウセックラー

メモ

「～好唔好呀？」は「～しましょうか？」という意味で、自分の提案に対して、相手の賛否や感想を求めるときに使われます。

151

応用練習

1 ～しましょうか?
①一緒に**映画**を見に行きましょうか?

②タクシーで行きましょうか?

③うちで食べましょうか?

2 それとも～ですか?
①日曜日ですか、それとも月曜日ですか?

②コーヒーにしますか、それともお茶にしますか?

3 全面的な肯定または否定
①何でも食べます。　　　　②どこでも行きます。

③いくらでもほしいです。　④誰も来ません。

4 ～で～だ／～だし～だ
①(値段が) 高いし、よくない　②背が高くてきれいです。
　です。
③たばこを吸わないしお酒も飲みません。

5 それでは～／それなら～
①(あっ、時間だ)　　　　→それじゃあ、早くしてください。

②(今日はちょっと具合　→それなら、行かないほうが
　が悪い)　　　　　　　　いいですよ。

1 〜好唔好呀？

① 一齊 去 睇戲，好唔好呀？
Yāt-chàih heui tái hei hóu-m̀h-hóu a
ヤッチャイホォイタイヘイ ホウムホウアー

② 坐 的士 去，好唔好呀？
Chóh dīk-sí heui hóu-m̀h-hóu a
チョーテックシーホォイ ホウムホウアー

③ 喺 屋企 食，好唔好呀？
Hái ngūk-kéi sihk hóu-m̀h-hóu a
ハインゴックケイセック ホウムホウアー

2 〜抑或／定係／定〜呀？

① 星期日 抑或 星期一 呀？
Sīng-kèih-yaht yīk-waahk sīng-kèih-yāt a
せんケイヤットイエックワーックせんケイヤットアー

② 要 咖啡 定係 要 茶 呀？
Yiu ga-fē dihng-haih yiu chàh a
イウカーフェー テンハイ イウチャーアー

3 疑問詞＋都〜

① 乜嘢 都 食。
Māt-yéh dōu sihk
マットイェートウセック

② 邊度 都 去。
Bīn-douh dōu heui
ピントウ トウホォイ

③ 幾多 都 要。
Géi-dō dōu yiu
ケイトー トウイウ

④ 邊個 都 唔嚟。
Bīn-go dōu m̀h-làih
ピンコー トウ ムライ

4 又〜又〜

① 又 貴 又 唔好
Yauh gwai yauh m̀h-hóu
ヤウクワイヤウ ムホウ

② 又 高 又 靚。
Yauh gōu yauh leng
ヤウ コウ ヤウレーん

③ 又 唔食煙 又 唔飲 酒
Yauh m̀h-sihk yīn yauh m̀h-yám jáu
ヤウ ムセックインヤウ ムヤム チャウ

5 咁就〜

① 咁就 快 啲 啦！
Gám jauh faai dī lā
カムチャウファーイティーラー

② 咁 就 唔好 去 啦！
Gám jauh m̀h-hóu heui lā
カムチャウムホウ ホォイラー

21 レストランでの会話
メニューを見せてください。

A：すみませんが、メニューを見せてください。

B：はい、お待ちください。

A：何か**お勧め品**がありますか？

B：こちらの**セットメニュー**はいかがですか？

このセットメニューは大変**お得**なんですよ。ビールは

飲み放題で、おまけにデザートはサービスです。

A：じゃ、これをください。

一休み

広東語にも日本語にも「乾杯」という言葉がありますが、意味が違
います。広東語の「乾杯(gōn būi)」は、文字のとおり盃を干すという意味で日
本語の「一気」という意味になりますが、日本語の「乾杯(かんぱい)」は広東語
では「飲杯(yám būi)」といいます。

唔該俾個菜牌我睇吓。

A：唔該 俾個 菜牌 我 睇吓。
　　M̀h-gōi béi go choi-páai ngóh tái háh
　　ムコーイペイコーチョイパーイんゴータイハー

B：好， 請 等一等 。
　　Hóu chéng dáng (yāt) dáng
　　ホウ チェーんタん (ヤット) タん

A：有冇 乜嘢 好介紹 呀？
　　Yáuh-móuh māt-yéh hóu-gaai-siuh a
　　ヤウモウ ヤットイェーホウカーイシウアー

B：你睇吓呢個 套餐 啱唔啱 吖。
　　Néih tái háh nī-go tou-chāan ngāam-m̀h-ngāam ā
　　ネイタイハーニーコートウチャーんんガームんんガームアー

　　呢個 套餐 好抵 食 㗎， 啤酒 任 飲，
　　Nī-go tou-chāan hou dái sihk ga bē-jáu yahm yám
　　ニーコートウチャーんホウタイセックカー ペーチャウヤム ヤム

　　重 送 甜品 添 。
　　juhng sung tìhm-bán tīm
　　チョンソンティムパンティム

A：咁 要 呢個 啦！
　　Gám yiu nī-go lā
　　カム イウニーコーラー

(メモ)

「啱」にはいろいろな意味と使い方があります。まず、「正しい」という意味として使われます。そして「合う」（寸法など）、「気に入る」という意味もあります。店やレストランなどで店員さんが商品を紹介するときに「你睇〜啱唔啱吖」（これはいかがですか？）とよく使います。

応用練習

1 すみませんが、～を見せてください。
　①すみませんが、この**ネックレス**を見せてください。

　②すみませんが、この**腕時計**を見せてください。

　③すみませんが、あの**ハンドバッグ**を見せてください。

2 ～は気にいるかどうか、見てください→～はいかがですか？
　①**この形**はいかがですか？

　②**この色**はいかがですか？

　③**このデザイン**はいかがですか？

3 ～放題
　①食べ放題　　　　　　　②もらい放題

　③歌い放題

4 もっと／また／その上
　①もう2つ買いたい。

　②もっとありますか？

　③（これ以外に）まだ、何がほしいですか？

CD-47

1 唔該（你）俾～我睇吓吖。

① 唔該 俾 呢條 頸鍊 我 睇 吓 吖。
Mh-gōi béi nī-tìuh géng-lín ngóh tái háh ā
ムコーイペイニーティウケーんリンんゴータイハーアー

② 唔該 俾 呢個 錶 我 睇 吓 吖。
Mh-gōi béi nī-go bīu ngóh tái háh ā
ムコーイペイニーコービウんゴータイハーアー

③ 唔該 俾 嗰個 手袋 我 睇 吓 吖。
Mh-gōi béi gó-go sáu-dói ngóh tái háh ā
ムコーイペイコーコーサウトーいんゴータイハーアー

2 你睇吓～啱唔啱吖。

① 你 睇 吓 呢個 款 啱唔啱 吖。
Néih tái háh nī-go fún ngāam-m̀h-ngāam ā
ネイタイハーニーコーフーンんガームんガームアー

② 你 睇 吓 呢個 顏色 啱唔啱 吖。
Néih tái háh nī-go ngàahn-sīk ngāam-m̀h-ngāam ā
ネイタイハーニーコーんガーンセックんガームんガームアー

③ 你 睇 吓 呢個 設計 啱唔啱 吖。
Néih tái háh nī-go chit-gai ngāam-m̀h-ngāam ā
ネイタイハーニーコーチーットカイんガームんガームアー

3 任～

① 任 食
yahm sihk
ヤム セック

② 任 攞
yahm ló
ヤム ロー

③ 任 唱
yahm cheung
ヤム チョオン

4 重～（添）

① 我 重 想 買 兩個 (添)。
Ngóh juhng séung máaih léuhng-go (tīm)
んゴーチョんソォオんマーイリョオんコー(ティム)

② 重 有冇 (添) 呀？
Juhng yáuh-móuh (tīm) a
チョん ヤウモウ (ティム)アー

③ 重 要 乜嘢 (添) 呀？
Juhng yiu māt-yéh (tīm) a
チョんイウマットイェー(ティム)アー

157

バスでの会話
22 このバスは海洋公園に行きますか？

A:ちょっとお尋ねしますが、どのバスが海洋公園へ行きますか？

B:あの48番に乗ってください。

A:このバスは海洋公園に行きますか？

B:行きますよ。

A:すみませんが、(その)停留所に着いたら降ろしてもらえますか？

B:**終点**まで行けば、海洋公園ですよ。

A:ありがとう。

●休み

　香港の交通は非常に発達していて、日本と比べて料金も安いです。
時間があればいろいろな交通機関を使ってみるのも楽しいです。

的士　タクシー
dīk-sí

電車　トラム
dihn-chē

小巴　小型バス
síu-bā

天星小輪　スターフェリー
tīn-sīng-síu-leuhn

地(下)鐵　地下鉄
deih-(hah)-tit

電氣化火車　電車
dihn-hei-fa-fó-chē

呢架巴士去唔去海洋公園㗎？ CD-48

A: 請問　邊架 巴士 去　 海洋公園　 㗎？
Chéng-màhn bīn-ga bā-sí heui hói-yèuhng-gūng-yún ga
チェーンマンピンカーパーシーホョイホーイョンコンユィンカー

B: 搭　 嗰架　四十八號　 啦！
Daap gó-ga sei-sahp-baat-houh lā
ターップコーカーセイサップパートホウラー

A: 呢架 巴士　去唔去　　海洋公園　 㗎？
Nī-ga bā-sí heui-m̀h-heui hói-yèuhng-gūng-yún ga
ニーカーパーシーホョイムホョイホーイョンコンユィンカー

B: 去 呀。
Heui a
ホョイアー

A: 唔該你到　站 **叫** 我　落車 ， 得唔得呀 ？
M̀h-gōi néih dou jaahm giu ngóh lohk chē   dāk-m̀h-dāk a
ムコーイネイトウチャームキウンゴーローックチェー　タックムタックアー

B: 坐 到　**總站**　就 係　海洋公園　　 嘞！
Chóh dou júng-jaahm jauh haih hói-yèuhng-gūng-yún laak
チョウトウチョンチャームチャウハイホーイョンコンユィンラーック

A: 唔該。
M̀h-gōi
ムコーイ

メモ

「**叫**」は動詞としては「叫ぶ」「呼ぶ」という意味を表すほかに、使役の表現「～させる（命じる）」という意味でもよく使われます。

応用練習

1 aはbに〜をさせる／aはbに〜するように言う
①私は運転手に荷物を運ばせました。

②母に買物に行ってくれと言われました。

2 〜までする
①(お店など) 何時まで開いていますか。

②第3課まで習いました。

③お金がなくなるまで使いました。

④**疲れる**まで遊びました。

1 a 叫 b～

① 我叫司機搬行李。
Ngóh giu sī-gēi būn hàhng-léih
んゴーキウシーケイプーン ハンレイ

② 我媽媽叫我去買嘢。
Ngóh màh-mā giu ngóh heui máaih yéh
んゴーマーマーキウんゴーホョイマーイイェー

2 動詞＋到～

① 開到幾點呀？
Hōi dou géi-dím a
ホーイトウケイティムアー

② 學到第三課。
Hohk dou daih-sāam-fo
ホーックトウタイサームフォー

③ 用到冇錢。
Yuhng dou móuh-chín
ヨン トウ モウチン

④ 玩到好癐。
Wáan dou hóu guih
ワーン トウ ホウ クイ

23 少し熱があるみたいです。

病気についての会話

A：どうしたんですか？　顔色があまりよくないですよ。

B：そう、ちょっと具合が悪いのです。

A：どこが悪いのですか？

B：頭が重く感じるし、それに、少し熱があるみたいです。

A：じゃ、医者に見てもらったほうがいいですよ。

B：私もそう**思います**。

A：じゃ、今**すぐ**行きましょう。

一休み

　旅行中病気になったり、ケガをした場合は、ホテルのフロントに連絡し、病院を手配してもらうのがいちばんいいでしょう。香港にはいくつかの外国人を受け入れる態勢の整った総合病院があります。治療費はたいへん高くなることもあるので、念のため出発前に海外旅行傷害保険に加入しておいたほうがいいでしょう。そして、治療後は領収書を必ずもらいましょう。

好似有啲發燒咁。

CD-50

A：你做 乜嘢 呀？你嘅 面色 唔係幾好 喎！
Néih jouh māt-yéh a　Néih ge mihn-sīk m̀h-haih géi hóu wo
ネイチョウマットイェーアー　ネイケーミンセック ムハイ ケイホウウォー

B：係呀， 我 有 啲 唔舒服 。
Haih a　ngóh yáuh dī　m̀h-syū-fuhk
ハイアー　んゴーヤウティームシュィフォック

A：邊度 唔舒服 呀？
Bīn-douh m̀h-syū-fuhk a
ビントウムシュィフォックアー

B：我 覺得 個頭好 *重， 重 好似
Ngóh gok-dāk　go tàuh hóu chúhng　juhng hóu-chíh
んゴーコークタック　コー タウ ホウ チョン　チョンホウチー

　　發燒 咁 添。(*重＝重い)
faat-sīu　gám tīm
ファーットシウカムティム

A：咁, 不如 你 去 睇吓 醫生 啦！
Gám　bāt-yùh néih heui tái háh yīng-sāng lā
カム　パットユィネイホイタイハーイーサンラー

B：我 都 係 咁 諗。
Ngóh dōu haih gám nám
んゴートウ ハイ カム ナム

A：咁 而家 即刻 去 啦！
Gám yìh-gā　jik-hāak　heui lā
カムイーカーチックハーックホィラー

メモ

「咁」には「gám」と「gam」の両方の発音がありますが、その違いについて説明します。

咁　単独で使うときは「それでは」の意味です。
gám

咁～　後ろに動詞しかつきません。「このように～／あのように
gám　　～／そのように～」の意味です。

咁～　後ろに形容詞しかつきません。「こんなに～／そんなに～／
gam　　あんなに～」の意味です。

応用練習

1 相手の注意を呼び起こしたり、要求したり、忠告したりする感情を表す言葉
①雨みたいですね。

②遅刻しないでね。

③必ず来てよ。

2 少し〜ある／ちょっと〜ある。
①ちょっと頭が痛いです。　　②少しめまいがします。

③ちょっとお腹が痛いです。　④少しのどが痛いです。

3 〜みたい
①雨がやんだみたいです。

②彼女は行きたくないみたいです。

③あなたは学生みたいです。

4 と感じる／〜と思う
①すごく楽しかったと思います。

②**体中だるい**感じがします。

③どこが**具合が悪い**と思いますか。

1 ～喎／噃

① 好似 落 雨 咁 喎 。
Hóu-chíh lohk yúh gám wo
ホウチー ローックユィカムウォー

② 唔好 遲到 喎 。
M̀h-hóu chìh-dou wo
ムホウ チートウウォー

③ 一定 要 嚟 噃 。
Yāt-dihng yiu làih bo
ヤットてンイウライポー

2 有啲～

① 有 啲 頭痛 。
Yáuh dī tàuh-tung
ヤウ ティー タウトん

② 有 啲 頭暈 。
Yáuh dī tàuh-wàhn
ヤウ ティー タウワン

③ 有 啲 肚痛 。
Yáuh dī tóuh-tung
ヤウ ティー トウトん

④ 有 啲 喉嚨痛 。
Yáuh dī hàuh-lùhng-tung
ヤウ ティー ハウロんトん

3 好似～咁

① 好似 停 咗 雨 咁 。
Hóu-chíh tìhng jó yúh gám
ホウチー テンチョーユィカム

② 佢 好似 唔想 去 咁 。
Kéuih hóu-chíh m̀h-séung heui gám
コョィホウチームソョおンホョィカム

③ 你 好似 學生 咁 。
Néih hóu-chíh hohk-sāang gám
ネイ ホウチーホーックサーんカム

4 覺得～

① 覺得 好 好玩 。
Gok-dāk hóu hóu-wáan
コーックタックホウホウワーン

② 覺得 全身 冇力 。
Gok-dāk chyùhn-sān móuh-lihk
コーックタックチュィンサンモウレック

③ 覺得 邊度 唔舒服 呀 ？
Gok-dāk bīn-douh m̀h-syū-fuhk a
コーックタックピントウムシュィフォックアー

24 ホテルでの会話
タクシーを呼んでください。

A : チェックアウトをお願いしたいのですが。

B : はい、かしこまりました。部屋の鍵をお願いします。

A : 荷物はまだ部屋にあります。

B : それでは(かわりに)持ってまいりましょうか。

A : お願いします。

B : 荷物は**そろいましたか**。

A : 全部そろいました。**それから**すみませんが、タクシーを1台呼んでください。

B : はい。少々お待ちください。

●休み
香港のホテルのチップの慣例
荷物を運んでくれたボーイ	5 HK＄から10HK＄
ベッドメーキング	5 HK＄
ルームサービス	1 HK＄～5 HK＄
タクシーを呼んでくれたボーイ	1 HK＄～2 HK＄

同我叫架的士吖。

A：唔該 我 想 check out。
　　M̀h-gōi ngóh séung
　　ムコーイんゴーソョオン

B：好呀，門匙 吖 唔該。
　　Hóu a　mùhn-sih ā　m̀h-gōi
　　ホウアー　ムーンシーアームコーイ

A：我 重 有 行李 喺 房 度。
　　Ngóh juhng yáuh hàhng-léih hái　fóng douh
　　んゴーチョんヤウ　ハんレイ　ハイフォーントウ

B：咁 我哋 幫 你攞 落 嚟啦。
　　Gám ngóh-deih bōng néih ló　lohk　làih lā
　　カムんゴーテイボーんネイローローックライラー

A：唔該。
　　M̀h-gōi
　　ムコーイ

B：行李 齊唔齊 呀？
　　Hàhng-léih chàih-m̀h-chàih a
　　ハんレイ　チャイムチャイアー

A：齊 哂 嘞，另外 唔該你 同 我 叫架 的士 吖！
　　Chàih saai laak　lihng-ngoih m̀h-gōi néih tùhng ngóh giu ga　dīk-sí　ā
　　チャイサーイラーック　れんんゴイムコーイネイ　トんんゴーキウカーテックシーアー

B：好，請 等 (一) 等。
　　Hóu　chéng dáng (yāt) dáng
　　ホウ　チェーンタン ヤット タン

メモ

「幫」と「同」にはそれぞれいくつかの意味と使い方がありますが、「～のために～してくれる／～のかわりに～してあげる」という意味では「幫」と「同」のどちらを使ってもかまいません。

応用練習

1 ～のところ
①彼のところ　　　　　　　　②ベッドのところ

③椅子のところ　　　　　　　④ポケットのところ

2 AはBのかわりに／のために～してあげる／くれる。
①私は彼女のために荷物を持ってあげます。

②あなたは誰の依頼で買ったのですか？

③（レストランで、友人に）かわりに**注文して**ください。

④（地下鉄などで）すみません、かわりに**切符**を買ってもらえますか？

3 全部～してしまう。／完全に～した。
①全部食べてしまった。　　　②全部なくなってしまった。

③全部売りきれた。　　　　　④全部帰ってしまった。

4 方向を示す「補語」
①入って**くる**　　　　　　　②出て**いく**

③歩いて**出てくる**　　　　　④持って**入っていく**

1 〜度、〜嘘

① 佢 度
kéuih douh
コョイトゥ

② 床 度
chòhng douh
チョーントゥ

③ 椅 嘘
yí syu
イーシュィ

④ 袋 嘘
dói syu
トーイシュィ

2 A 幫／同 B〜

① 我 幫 佢 攞 行李。
Ngóh bōng kéuih ló hàahng-léih
 んゴーボーンコョイロー ハんレイ

② 你 幫 邊個 買 㗎？
Néih bōng bīn-go máaih ga
(ネイ)ボーンピンコーマーイカー

③ (你) 同 我 點菜 吖。
(Néih) tùhng ngóh dím choi ā
(ネイ) トぅんゴーティムチョイアー

④ 唔該 你 同 我 買 飛 吖。
M̀h-gōi néih tùhng ngóh máaih fēi ā
ムコーイネイ トぅんゴーマーイフェイアー

3 動詞＋哂

① 食 哂
sihk saai
セックサーイ

② 冇 哂
móuh saai
モウサーイ

③ 賣 哂
maaih saai
マーイサーイ

④ 走 哂
jáu saai
チャウサーイ

4 方向補語

① 入 嚟
yahp làih
ヤッブライ

② 出 去
chēut heui
チョットホョイ

③ 行 出嚟
hàahng chēut làih
ハーん チョットライ

④ 攞 入去
ló yahp heui
ローヤッブホョイ

25 送別のときの会話
お気をつけて。

A：お待たせして、**本当に**申し訳ありませんでした。

B：いいえ、私もちょうど着いたばかりです。

A：今回は**とても楽しく**遊ぶことができました。本当にありがとうございました。

B：どういたしまして。

A：今度、日本にいらっしゃったら、ぜひ私のところに来てください。
B：はい、必ず。

A：もう（搭乗の）時間になりました。さようなら。

B：ご無事をお祈りします。→お気をつけて。

祝你一路順風。

CD-54

A：<u>要</u>你 等， 真係 唔好意思 嘞 。
　　Yiu néih dáng　jān-haih m̀h-hóu yi-si　laak
　　イウネイ タん　チャンハイ ムホウ イーシーラーック

B：唔緊要， 我 都 係　啱啱　到。
　　M̀h-gán-yiu　ngóh dōu haih ngāam-ngāam dou
　　ムカンイウ　んゴートウ ハイん ガームん ガームトウ

A：今次 我哋 玩 得 好開心。
　　Gām-chi ngóh-deih wáan dāk hóu hōi-sām
　　カムチーん ゴーテイ ワーン タック ホウホイサム

　　真係 多謝　哂你　嘞 。
　　jān-haih　dō-jeh　saai néih　laak
　　チャンハイ トーチェー サーイ ネイ ラーック

B：唔使 客氣 。
　　M̀h-sái haak-hei
　　ムサイ ハーックヘイ

A：下次 你 嚟 日本　嗰陣時， 一定 要 嚟搵 我　喎。
　　Hah-chi néih làih Yaht-bún　gó-jahn-sih　yāt-dihng yiu làih wán ngóh　wo
　　ハーチー ネイ ライ ヤットプーン コーチャンシー ヤットテん イウ ライワん ゴーウォー

B：一定，　一定 。
　　Yāt-dihng　yāt-dihng
　　ヤットテん　ヤットテん

A：我　夠鐘　上　機 嘞，　再見。
　　Ngóh gau-jūng séuhng gēi laak　Joi-gin
　　んゴー カウチョん ショオん ケイ ラーック チョーイキーン

B：祝　你哋　一路順風 。
　　Jūk　néih-deih yāt-louh-seuhn-fūng
　　チョック ネイテイ ヤットロウソンフォん

メモ

「要」は動詞と助動詞の使い方以外に使役の表現「～させる（要求、強要)」の意味も表します。

応用練習

1 AはBに〜をさせる
①彼女は私に荷物を持たせました。(彼女に持たされたニュアンス)
②お金を使わせて申し訳ありませんね。

2 ちょうど〜/たったいま〜/〜したばかり
①私はちょうどご飯を食べているところです。

②彼はたった今帰りました(その場所を離れた)。

③彼女は**大学を卒業**したばかりです。

3 〜するとき/したとき〜
①私は買物をしたとき財布を**なくしました**。

②私が食事していたとき彼が**訪ねて**きました。

4 〜の時間です。
①寝る時間です。　　②(バスなど)出発の時間です。

③入場の時間です。　　④閉店の時間です。

5 〜をお祈りします。/〜おめでとう。
①ご健康をお祈りします。　②お誕生日おめでとう。

③万事順調でありますように。　④あけましておめでとうございます。

1 使役の「要」

① 佢 要 我 攞 行李。
Kéuih yiu ngóh ló hāhng-léih
コョイイウんゴーロー ハんレイ

② 要你使錢，唔好意思 喎。
Yiu néih sái chín m̀h-hóu yi-si wo
イウネイサイチン ムホウイーシーウォー

2 啱啱～

① 我 啱啱 食緊飯。
Ngóh ngāam-ngāam sihk gán faahn
んゴーんガームんガームセックカンファーン

② 佢 啱啱 走咗。
Kéuih ngāam-ngāam jáu jó
コョインガームんガームチャウチョー

③ 佢 啱啱 **大學 畢業**。
Kéuih ngāam-ngāam daaih-hohk bāt-yihp
コョインガームんガームターイホーックパットイェップ

3 ～嗰陣時～

① 買嘢 嗰陣時，唔見咗個銀包。
Máaih yéh gó-jahn-sìh m̀h-gin-jó go ngàhn-bāau
マーイイェーコーチャンシー ムキーンチョーコーんガンパーウ

② 我 食緊飯 嗰陣時，佢 嚟揾我。
Ngóh sihk gán faahn gó-jahn-sìh kéuih làih wán ngóh
んゴーセックカンファーンコーチャンシー コョイライワンゴー

4 夠鐘～

① 夠鐘 瞓覺。
Gau-jūng fan-gaau
カウチョンファンカーウ

② 夠鐘 開車。
Gau-jūng hōi chē
カウチョンホーイチェー

③ 夠鐘 入場。
Gau-jūng yahp chèuhng
カウチョンヤップチョォン

④ 夠鐘 閂門。
Gau-jūng sāan mùhn
カウチョンサーンムーン

5 祝你～

① 祝你身體健康。
Jūk néih sān-tái gihn-hōng
チョックネイサンタイキンホーん

② 祝你生日快樂。
Jūk néih sāang-yaht faai-lohk
チョックネイサーんヤットファーイローック

③ 祝你萬事如意。
Jūk néih maahn-sih-yùh-yi
チョックネイマーンシーユィイー

④ 祝你新年快樂。
Jūk néih sān-nìhn faai-lohk
チョックネイ サンニンファーイローック

広東語のローマ字発音表記の種類

　冒頭にも述べましたように、広東語のローマ字発音表記にはいろいろな方式があります。以下は、よく使われていると思われる3つの表記法の一覧表です。

(1) 声調の異同 （声調は太字で示してあります）

	イエール式	ライ式	千島式
1声	sī*(sì)	si^1	si^1
2声	sí	sí	si^2
3声	si	si^2	si^3
4声	sìh	si^4	si^4
5声	síh	si$_1$	si^5
6声	sih	si^3	si^6

　＊本来のイエール式は、1声の「sī」と「sì」が区別して表記していますが、本書では「sì」を省略しています。

(2) 子音の異同

イエール式	ライ式	千島式
j	j	zh

ほかの子音に関しては、全部同じです。

⑶ **母音**(母音末尾m、n、ng、p、t、kを含む)**の異同**

イエール式	ライ式	千島式	
eu		ö	
eun		ön	
eung		öng	
eut		öt	
euk		öt	
eui		öü	
yu		(y)ü	頭に子音が
yun		(y)ün	ない場合は
yut		(y)üt	「y」を入れて表記する
aa		a	
aai		āi	
aau		āu	
aam		ām	
aan		ān	
aang		āng	
aap		āp	
aat		āt	
aak		āk	

ライ式は、母音と子音はイエール式と同じですが、声調の示し方が異なるので、イエール式のように母音のすぐ後ろに「h」をつけることはありません

著者
郭素霞（カク・スカ）

香港生まれ。高校卒業後、香港の中華書局に5年間勤務。1985年、留学で来日。日本語学校に1年半通い、1987年、東京外国語大学入学（日本語教育日本文化専攻）。大学在学中のときから語学学校で広東語講師を務めはじめた。大学卒業後、2年余りのOL生活を経て、広東語、北京語の講師、また翻訳・通訳として務める。

CD BOOK　はじめての広東語

2001年7月31日　初版発行
2025年6月14日　第22刷発行

著者	郭素霞
発行者	石野栄一
発行	明日香出版社
	〒112-0005 東京都文京区水道2-11-5
	電話 (03)5395-7650（代表）
	https://www.asuka-g.co.jp
カバー装丁	KJデザイン室
本文イラスト	安東章子
印刷・製本	三松堂株式会社

©Suka Kaku 2001, Printed in Japan
ISBN 978-4-7569-0443-0
落丁・乱丁本はお取り替えいたします。
内容に関するお問い合わせは弊社ホームページ（QRコード）からお願いいたします。